がんばり2年生
学しゅう記ろくひょう

名前

1	2	3	4	5	6	7	8
9	10	11	12				16
17	18	19	20	21	22		24
25	26	27	28	29	30	31	32
33	34	35	36	37	38	39	40
41	42	43	44	45	46	47	48
49	50	51	52	53	54	55	56
57	58	59					

1さつ ぜんぶ おわったら、
ここに 大きな シールを
はりましょう。

あなたは
「くもんの小学ドリル　国語　2年生かん字」を、
さいごまで　やりとげました。
すばらしいです！
これからも　がんばってください。

② 2年生の かん字　かくすう さくいん

【2かく】
- 刀 … 3

【3かく】
- 丸 … 27
- 弓 … 31
- 工 … 31
- 才 … 9
- 万 … 15

【4かく】
- 引 … 5
- 牛 … 19
- 元 … 11
- 戸 … 15
- 午 … 53
- 公 … 19
- 止 … 77
- 少 … 65
- 心 … 7
- 切 … 3
- 太 … 27
- 内 … 87
- 分 … 51
- 父 … 7
- 方 … 39
- 毛 … 45
- 友 … 95
- 今 … 53

【5かく】
- 広 … 17
- 外 … 43
- 兄 … 11
- 古 … 3
- 市 … 35
- 矢 … 5
- 台 … 3
- 冬 … 57
- 半 … 51
- 北 … 41
- 母 … 7
- 用 … 77

【6かく】
- 羽 … 91
- 回 … 15
- 会 … 59
- 光 … 11
- 考 … 77
- 行 … 59
- 合 … 59
- 寺 … 35
- 自 … 51
- 色 … 47
- 西 … 43
- 多 … 43
- 地 … 87
- 池 … 87
- 当 … 47
- 同 … 47
- 肉 … 87
- 米 … 21
- 毎 … 81

【7かく】
- 形 … 39
- 言 … 83
- 谷 … 23
- 作 … 67
- 社 … 31
- 図 … 71
- 声 … 33
- 体 … 45
- 走 … 33
- 弟 … 9
- 売 … 63
- 来 … 33
- 麦 … 21
- 里 … 91
- 近 … 89
- 汽 … 29
- 角 … 39
- 何 … 15

【8かく】
- 画 … 31
- 岩 … 23
- 京 … 41
- 国 … 67
- 知 … 5
- 歩 … 93
- 妹 … 9
- 明 … 93
- 夜 … 55
- 門 … 35　107
- 直 … 79
- 店 … 19
- 東 … 41
- 長 … 77
- 姉 … 47
- 昼 … 47

【9かく】
- 科 … 71
- 活 … 75
- 計 … 81
- 後 … 7
- 思 … 79
- 室 … 79
- 音 … 45
- 秋 … 57
- 春 … 57
- 食 … 101
- 星 … 23
- 前 … 55
- 茶 … 53
- 海 … 23
- 点 … 69
- 南 … 41
- 風 … 107

【10かく】
- 夏 … 57
- 家 … 95
- 記 … 81
- 帰 … 107　33
- 原 … 33
- 高 … 33
- 時 … 65
- 弱 … 99
- 書 … 83
- 通 … 17
- 馬 … 63
- 紙 … 99

【11かく】
- 魚 … 21
- 強 … 99
- 細 … 89
- 黒 … 27
- 黄 … 47
- 週 … 89
- 船 … 29
- 雪 … 103
- 教 … 47
- 組 … 99
- 鳥 … 91　99
- 野 … 71　91
- 理 … 71

【12かく】
- 雲 … 103
- 絵 … 31
- 間 … 65
- 晴 … 53
- 場 … 35
- 朝 … 53
- 答 … 75
- 道 … 89
- 買 … 75
- 番 … 105

【13かく】
- 園 … 19
- 楽 … 69　89
- 新 … 101
- 数 … 69　103
- 電 … 103
- 話 … 103

【14かく】
- 歌 … 71
- 語 … 67　71
- 読 … 83
- 聞 … 101　105
- 鳴 … 105

【15かく】
- 線 … 81

【16かく】
- 親 … 95
- 頭 … 105

【18かく】
- 顔 … 105
- 曜 … 107

かくすうの かぞえかた

かん字の かくすうは ひとふで で かく ぶぶんを 1かくと して かぞえます。

れい

刀

「刀」は 2かくです。

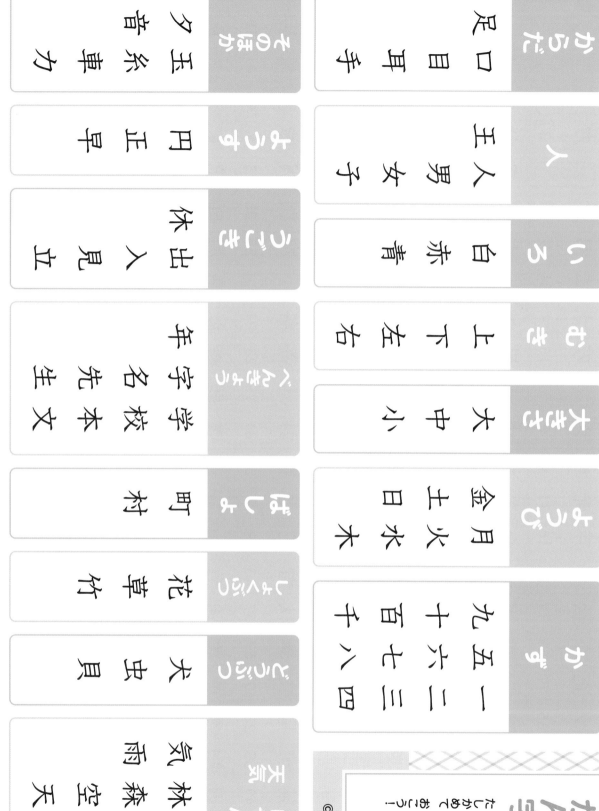

かん字 1年生でならう

たしかめて みよう
なかまに わけて あるよ

©くもん出版

からだ
足 口 王 人 夕 王 円
目 男 音 糸 正 休 人 見 立
耳 女 力 早

その ほか

ようす

しぜん
休 出 手 学 字
人 名 校 本 文
見 先 生
立 年

むき
上 下 左 右

いろ
白 赤 青

人
王 人
男 女
子

ようび
金 月 九 五 一
土 火 十 六 二
日 水 百 七 三
木 千 八 四

かず

はな
町 大 花 犬
村 草 虫 虫
竹 貝 貝

しょくぶつ

どうぶつ

てんき
気 林 山 天気
雨 森 川
空 石
天 田

1 刀・切・古・台

★は、よみかきを まちがえやすい かん字です。

名まえ

月　日
はじめ　じ　ふん
おわり　じ　ふん

てん

©くもん出版

（1～4は せんぶ かいて 20てん）

1

①⬆でなぞりましょう。

出さない
はねる

よみかた
トウ
かたな
2かく

なりたち
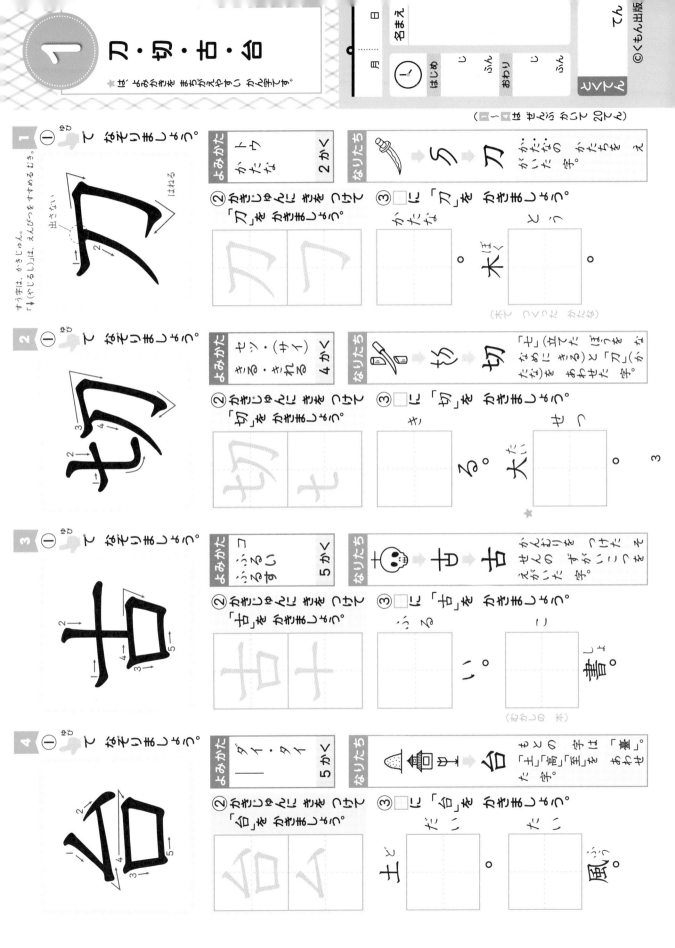
ら → 刀
かたなの かたちを かいた字。

②かきじゅんに きを つけて「刀」を かきましょう。

③□に「刀」を かきましょう。

かたな

木ぼく　とう

（木で つくった かたな）

2

①⬆でなぞりましょう。

よみかた
セツ・(サイ)
きる・きれる
4かく

なりたち
→ 切
「七」(立てた ぼうを ななめに きる)と「刀」(かたな)を あわせた字。

②かきじゅんに きを つけて「切」を かきましょう。

③□に「切」を かきましょう。

き
る。

大だい　せつ

3

①⬆でなぞりましょう。

よみかた
コ
ふるい
ふるす
5かく

なりたち
→ 古
かんむりを つけた そせんの ずがいこつを えがいた字。

②かきじゅんに きを つけて「古」を かきましょう。

③□に「古」を かきましょう。

ふる　い。

こ　しょ
書。

（むかしの 本）

4

①⬆でなぞりましょう。

よみかた
ダイ・タイ
5かく

なりたち
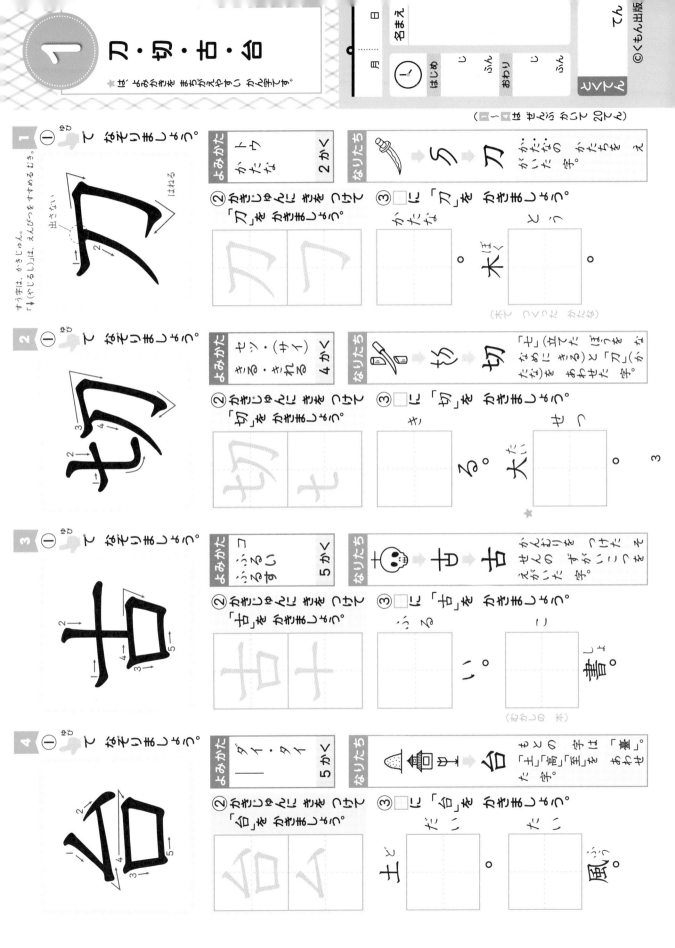
→ 台
もとの字は「臺」。「土」「高」「至」を あわせた字。

②かきじゅんに きを つけて「台」を かきましょう。

③□に「台」を かきましょう。

ど　だい
土　。

たい　ふう
風。

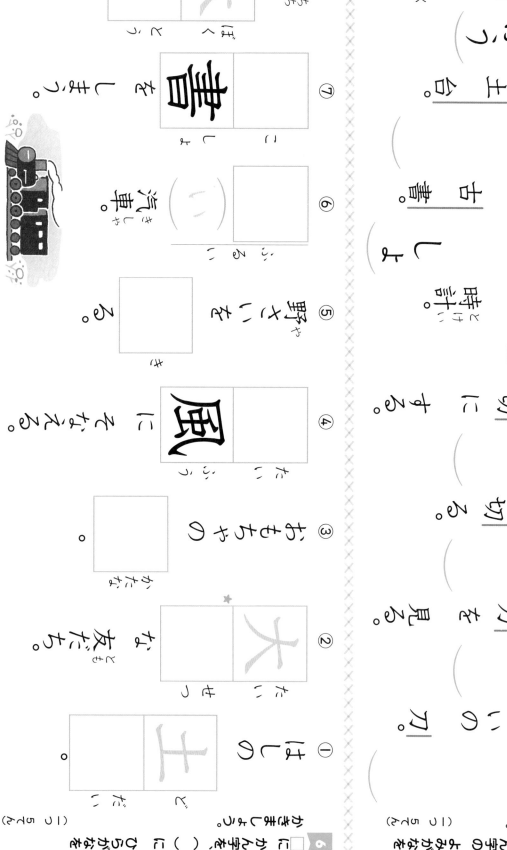

⑤ ⑥ ⑦ ⑧ の かん字の よみがなを かきましょう。

（1つ5てん）

① はさみは <u>刀</u> の なかまだよ。 （ ）

② <u>木刀</u> を 見る。 （ ）

③ 紙を <u>切</u> る。 （ ）

④ <u>大切</u> に する。 （ ）

⑤ 古い <u>時計</u> 。 （ ）

⑥ 父の <u>古書</u> を よむ。 （ ）

⑦ 家の <u>土台</u> 。 （ ）

⑧ <u>台風</u> が 来る。 （ ）

□ に かん字を、（ ）に ひらがなを かきましょう。

（1つ5てん）

① はこの □（と）（だい）。

② □（だい）（せつ）な 友だち。

③ おもちゃの □（かたな）。

④ □（たい）（ふう）に そなえる。

⑤ 野さいを □（き）る。

⑥ □（きしゃ）汽車。

⑦ □（こ）書を よします。

⑧ 父の □（ほ）（ん）。

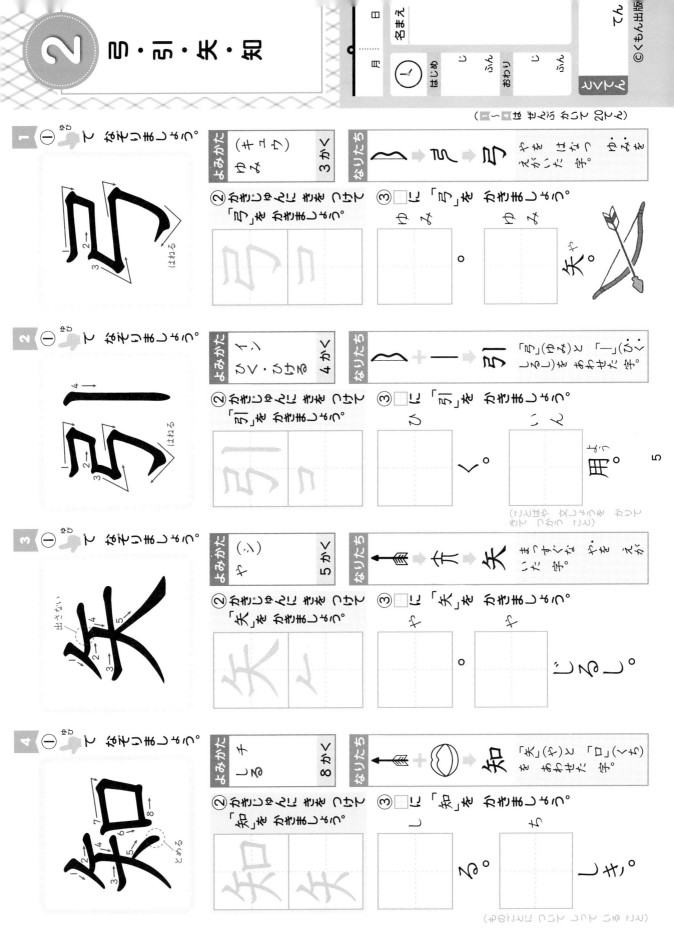

2 弓・引・矢・知

名まえ

月　日

はじめ　じ　ふん　おわり　じ　ふん

てん

とくてん

© くもん出版

（ １ ～ ４ は せんぶ かいて 20てん）

1 ① ゆびで なぞりましょう。

よみかた　（キュウ）　ゆみ　3かく

なりたち　ゆみを はなつ ゆみを えがいた字。

② かきじゅんに きを つけて 「弓」を かきましょう。

③ □に 「弓」を かきましょう。

ゆみ　。

ゆみ　矢。

2 ① ゆびで なぞりましょう。

よみかた　イン　ひく・ひける　4かく

なりたち　「弓」（ゆみ）と 「｜」（ひく しるし）を あわせた字。

② かきじゅんに きを つけて 「引」を かきましょう。

③ □に 「引」を かきましょう。

ひく。

いん　用。

3 ① ゆびで なぞりましょう。

よみかた　（シ）　や　5かく

なりたち　まっすぐな やを えがいた字。

② かきじゅんに きを つけて 「矢」を かきましょう。

③ □に 「矢」を かきましょう。

や　。

や　じるし。

4 ① ゆびで なぞりましょう。

よみかた　チ　しる　8かく

なりたち　「矢」（や）と 「口」（くち）を あわせた字。

② かきじゅんに きを つけて 「知」を かきましょう。

③ □に 「知」を かきましょう。

しる。

ち　しき。

5

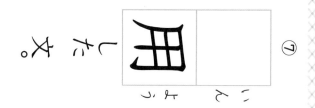

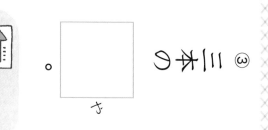

5　―― の かん字の よみがなを かきましょう。（1つ5てん）

① 矢が ささる。（　）

② むかしの 弓矢。（　）（　）

③ 弓を 引く。（　）（　）

④ 文を 引用する。（　）（　）

⑤ 矢を はなし。（　）

⑥ 知らない 人。（　）

⑦ 知しきが ある。（　）

6　□に かん字を かきましょう。（1つ5てん）

① □らない ままの。

② □じるしの てがみ。

③ 三□の 川。

④ □を □く。

⑤ □らせ つたえる。

⑥ □じるしの。

⑦ 用（こと）した 文。

6

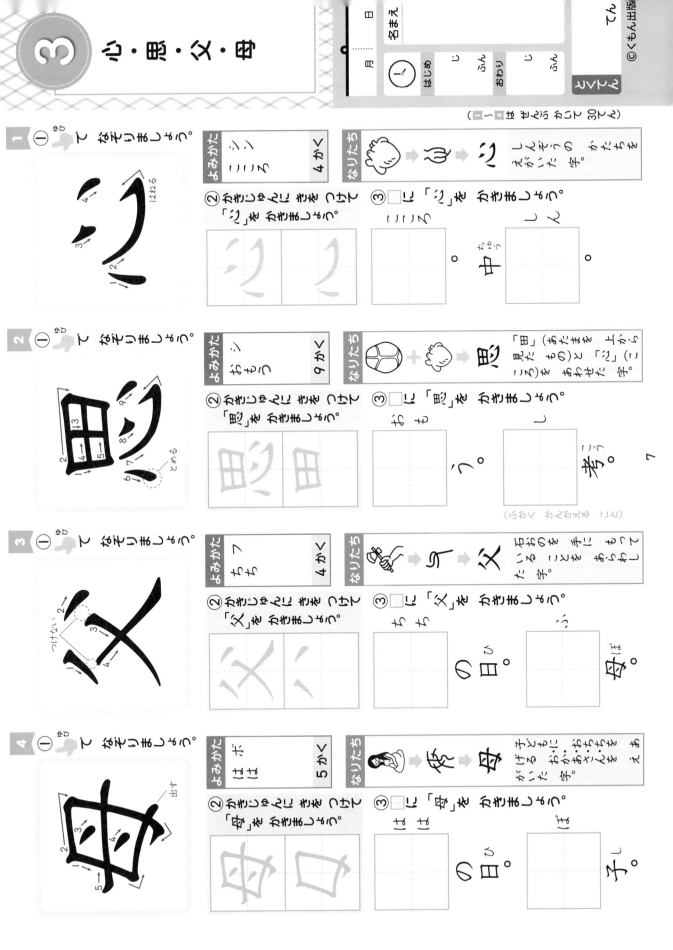

③ 心・思・父・母

(1～4は ぜんぶ かいて 30てん)

1 ① ゆびで なぞりましょう。

よみかた　シン　こころ　4かく

なりたち　しんぞうの かたちを えがいた字。

② かきじゅんに きを つけて「心」を かきましょう。

③ □に「心」を かきましょう。

こころ　しん　中

2 ① ゆびで なぞりましょう。

よみかた　シ　おもう　9かく

なりたち　「田」(あたまを 上から見た もの)と「心」(こころ)を あわせた字。

② かきじゅんに きを つけて「思」を かきましょう。

③ □に「思」を かきましょう。

おも　う。

し　考。(ふかく かんがえる こと)

3 ① ゆびで なぞりましょう。

よみかた　フ　ちち　4かく

なりたち　右手を 手に もっている ことを あらわした字。

② かきじゅんに きを つけて「父」を かきましょう。

③ □に「父」を かきましょう。

ちち　の日。

ふ　母

4 ① ゆびで なぞりましょう。

よみかた　ボ　はは　5かく

なりたち　子どもに おちちを あげる おかあさんを えがいた字。

② かきじゅんに きを つけて「母」を かきましょう。

③ □に「母」を かきましょう。

はは　の日。

ぼ　子。

7

——の かん字の よみがなを かきましょう。 (1もん 5てん)

① 心 を こめる。
（　　　）

② 円 の 中。
（　　　）だ

③ 歌を 思い出だす。
（　　　）

④ 思考 する 力。
（　　　）

⑤ 母 の ようふく。
（　　　）

⑥ 父 の へや。
（　　　）

⑦ 父 母 の 顔かが。
（　　　）

□に かん字を かきましょう。 (1もん 5てん)

① 名前まえを ［もお］い出だす。

② ［ちち］と あそぶ。

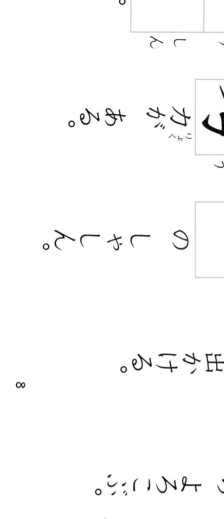

③ ［こころ］から かんしゃする。

④ ［はは］と 出でかける。

⑤ ［ふ］［ぼ］の しゃしん。

⑥ 考かんがえが ある。

⑦ 町 の ［ちゅう］［しん］。

8

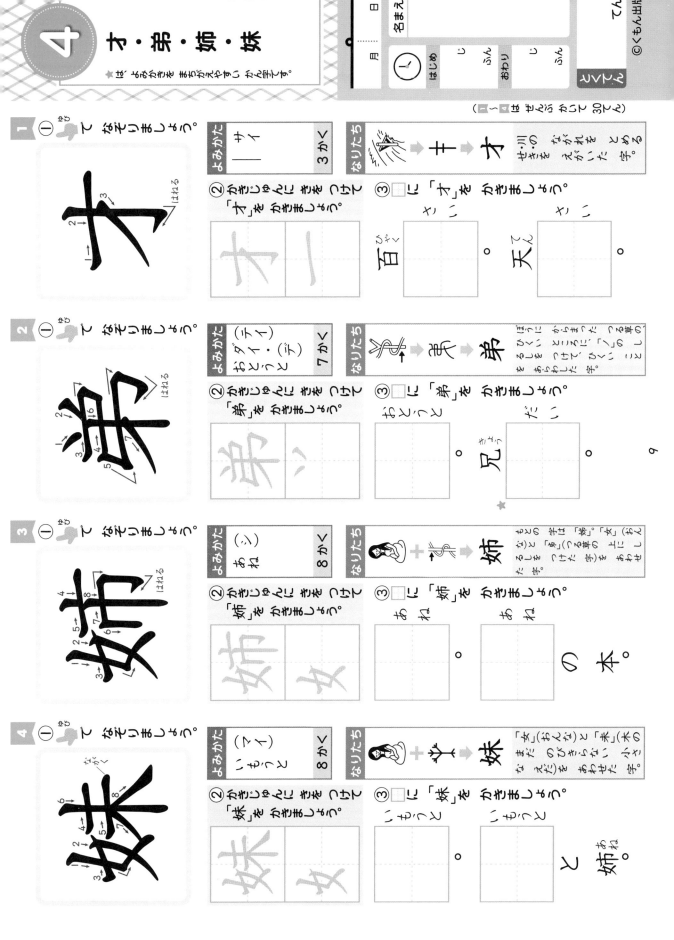

5

――の かん字の よみがなを かきましょう。(1つ5てん)

⑦ 妹が（　　）なく。

⑥ 姉の（　　）ほう。

⑤ 兄弟（きょう）の（　　）か。

④ 姉と（　　）弟が出かける。

③ 弟が（　　）わらう。

② 天才（てんさい）画家（が）。

① 十（じ）才の兄（あに）。

6

□に かん字を かきましょう。(1つ5てん)

⑦ 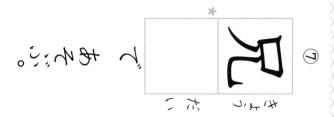 兄（きょう）だいで あそぶ。

⑥ ヒコーキ が 天（てん）の □（にい）。

⑤ □（きょうだい）と ならんで 歩（ある）く。

④ □（あね）が 絵（え）を かく。

③ 四十（よんじ）□（さい）の 父親（ちちおや）。

② □（あね）に 本を かりる。

① □（おとうと）と 手を しく。

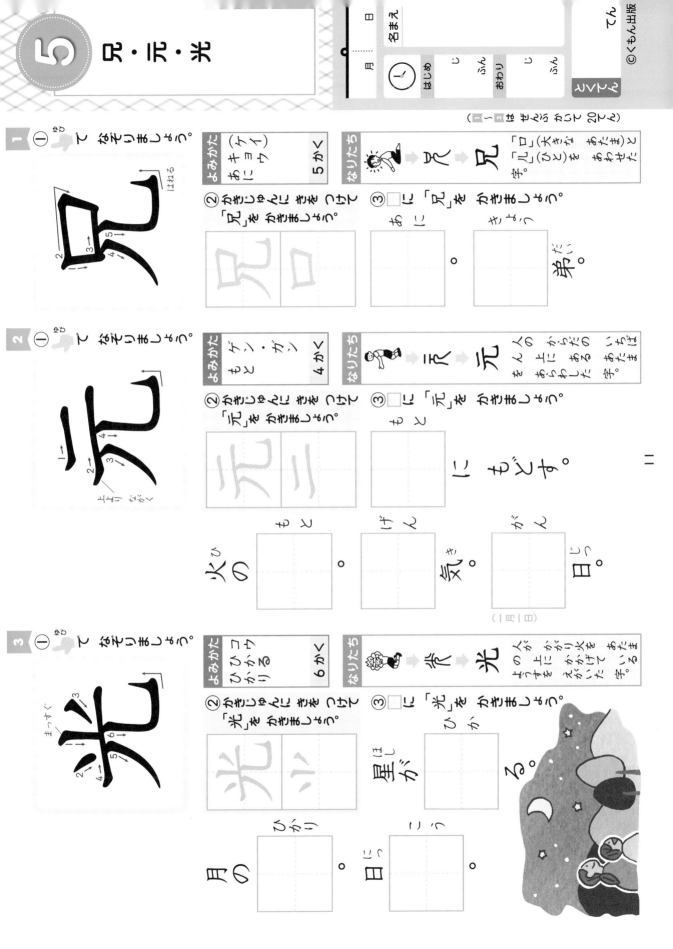

（■～■は せんぶ かいて 20てん）

1 ① ゆび で なぞりましょう。

はねる

よみかた （ケイ）
あに キョウ

5かく

なりたち 「口」（大きな あたま）と「儿」（ひと）を あわせた 字。 兄 → 兄

② かきじゅんに きを つけて「兄」を かきましょう。

③ □に「兄」を かきましょう。

あに

きょう

弟。

2 ① ゆび で なぞりましょう。

より なく

よみかた ゲン・ガン
もと

4かく

なりたち 人の からだの 上に あらわした 字。 元 → 元

② かきじゅんに きを つけて「元」を かきましょう。

③ □に「元」を かきましょう。

もと

に もどす。

火ひの もと。

げん気き。

がん日じつ。

（1町1田）

11

3 ① ゆび で なぞりましょう。

まっすぐ

よみかた コウ
ひかり ひかる

6かく

なりたち 火を あたまの 上に かかげて あるく 人の ようすを えがいた 字。 光 → 光

② かきじゅんに きを つけて「光」を かきましょう。

③ □に「光」を かきましょう。

ひか

星ほしが る。

月の ひかり。

日につ光こう。

4 かん字の──よみがなを かきましょう。(1つ5てん)

① 兄の くつへ。（　　　）

② 兄弟 げんか。（　　　）

③ 火ひの 元。（　　　）

④ 元気な 声こえ。（　　　）

⑤ 元日 の 朝あさ。（　　　）

⑥ ダイ が 光る。（　　　）

⑦ 太たいよう の 光。（　　　）

⑧ 日光が 当あたる。（　　　）

5 □に かん字を、（　）に ひらがなを かきましょう。(1つ5てん)

① □ を 当てる。
ひかり

② □ を 出す。
げんき

③ □ の たん生日に。
あ

④ □ に が のぼります。
に　こ

⑤ □ に が 出かける。
が　し

⑥ □ に が よんだ。
きょうだい　に

⑦ 電でんとうが □ 。（　る　）
ひかる

⑧ 火ひの □ 。
もと　と

12

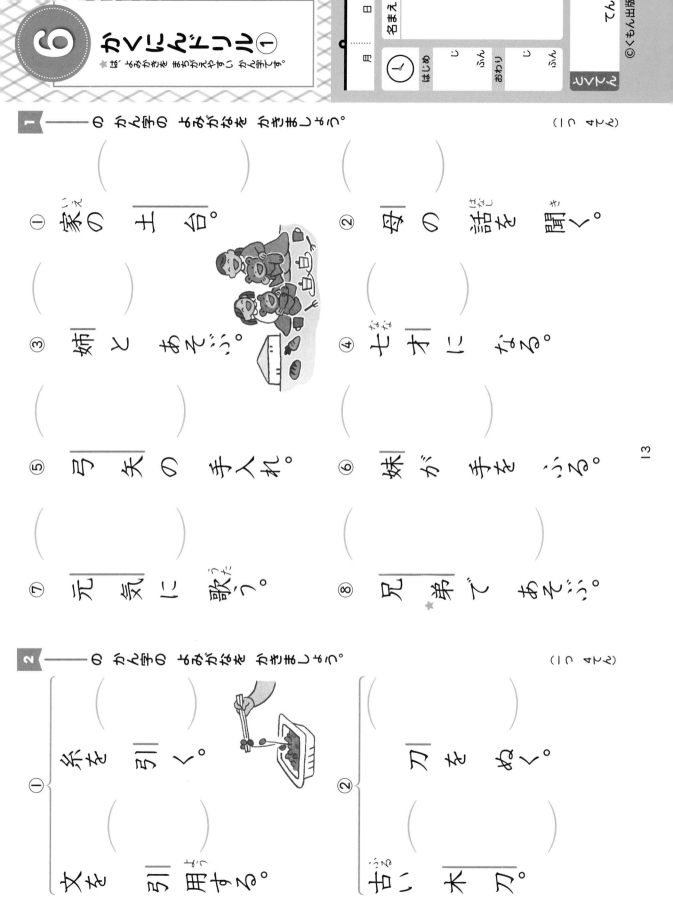

6 かくにんドリル①

★は よみかたを まちがえやすい かん字です。

名まえ

月　日

はじめ　時　ふん
おわり　時　ふん

てん

©くもん出版

1 ── の かん字の よみがなを かきましょう。　（1つ 4てん）

① 家(いえ)の 土台。（ ）

② 母の 話(はなし)を 聞く。（ ）

③ 姉と あそぶ。（ ）

④ 七(なな)才に なる。（ ）

⑤ 弓矢の 手入れ。（ ）

⑥ 妹が 手を ふる。（ ）

⑦ 元気に 歌(うた)う。（ ）

⑧ 兄弟で あそぶ。（ ）★

2 ── の かん字の よみがなを かきましょう。　（1つ 4てん）

① 糸を 引く。（ ）
文を 引用(よう)する。（ ）

② 刀を ぬく。（ ）
古(ふる)い 木刀。（ ）

4 ――の ことばを、かん字と ひらがなで かきましょう。 (1つ4てん)

① あたらしい くつ。

② ○○くて なく。

③ ゆびわが ○○。

---

3 □に かん字を かきましょう。 (1つ4てん)

① □ の 会社。
ちち

② □に ○○かける。
ひこう

③ ほたるの □ 。
ひかり

④ □ の もの。
し

⑤ □に ○○ます。
もん

⑥ □□に ○○する。
たい せつ

⑦ □が ○○く。
おとうと

⑧ □□の 弟ちゃん。
ふ じ

⑨ □を テープ。
き

⑩ ゆたか □ し ます。
ち

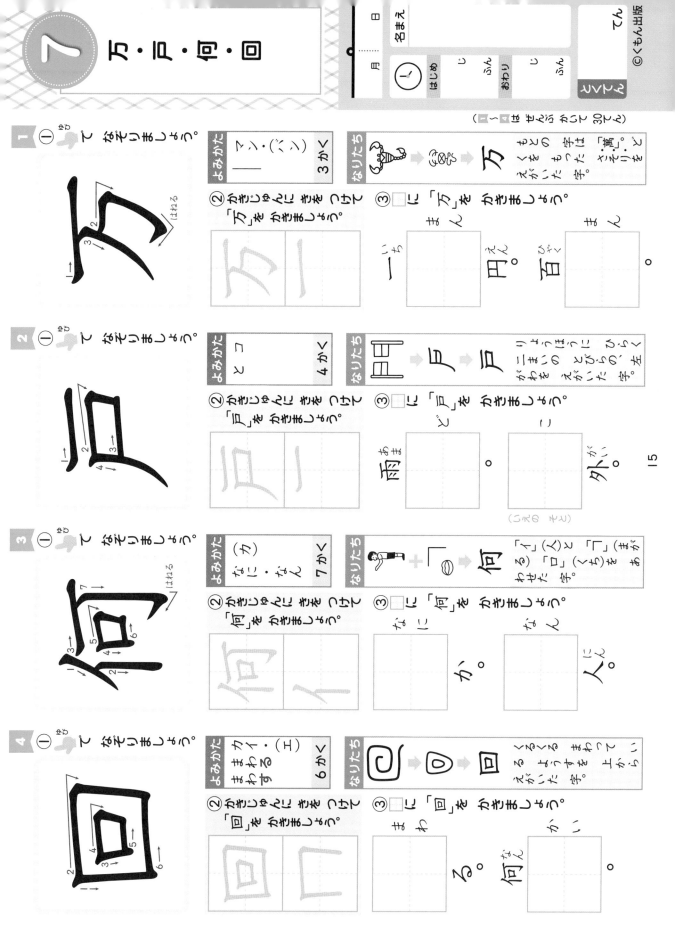

名まえ

てん

© くもん出版

月　日　はじめ　じ　ふん　おわり　じ　ふん

（□〜□は せんぶ かいて 30てん）

1
① ゆびで なぞりましょう。

はねる

よみかた　マン・（バン）　3かく

なりたち → 万
もとの字は「萬」。くもをもった サソリをえがいた字。

② かきじゅんに きを つけて「万」を かきましょう。

③ □に「万」を かきましょう。
一まん
円えん。
百ひゃく まん。

2
① ゆびで なぞりましょう。

よみかた　と　4かく

なりたち　□ → 戸 → 戸
ひらきの まどの とびらを かたほうに よせて えがいた字。

② かきじゅんに きを つけて「戸」を かきましょう。

③ □に「戸」を かきましょう。
雨あま ど。
戸こ 外がい。

（うらも やる）

15

3
① ゆびで なぞりましょう。

はねる

よみかた　なに・なん（カ）　7かく

なりたち　イ ＋ 何 → 何
「イ」（人）と「可」（まがる）「口」（くち）を あわせた字。

② かきじゅんに きを つけて「何」を かきましょう。

③ □に「何」を かきましょう。
何なに か。
何なん 人にん。

4
① ゆびで なぞりましょう。

よみかた　カイ・（エ）まわる・まわす　6かく

なりたち　□ → 回 → 回
くるくる まわって いる ようすを えがいた字。

② かきじゅんに きを つけて「回」を かきましょう。

③ □に「回」を かきましょう。
まわ る。
何なん 回かい。

16

──の　かん字の　よみがなを　かきましょう。 (1もん5てん)

① 一万円さつ。
（　　　）

② 白い雨戸。
（　　　）

③ 戸外に出る。
（　　　）

④ 何もいらない。
（　　　）

⑤ 何人か来る。
（　　　）

⑥ 目が回る。
（　　　）

⑦ 三回とぶ。
（　　　）

□に　かん字を（　）に　ひらがなを　かきましょう。 (1もん5てん)

① [　]を作るか考える。

② [　]ドアをたたく。

③ 五[　]人がしました。

④ [雨]をあける。

⑤ 犬が走り（る）。

⑥ [外]であそぶ。

⑦ [人]を会う。

8 交・通・広

（[1]～[3]は せんぶ かいて 20てん）

1

①ゆびで なぞりましょう。

交

よみかた　コウ・まじわる・まじえる・まじる・まぜる・(かう)・(かわす)　6かく

なりたち　人が 足を Xの かたちに まじわらせた ようすを えがいた 字。

②かきじゅんに きを つけて「交」を かきましょう。

③□に「交」を かきましょう。

道が　□わる。（まじ）

米に 麦が □ざる。（ま）

□番。（こう）ばん

2

①ゆびで なぞりましょう。

通

よみかた　ツウ・(ツ)・とおる・とおす・かよう　10かく

なりたち　「辶」(先く すすんで あるく)と「甬」(人が 足を しめつけて つつぬけて とおる)をあわせた 字。

②かきじゅんに きを つけて「通」を かきましょう。

③□に「通」を かきましょう。

車が □る。（とお）

学校に □う。（かよ）

□交。（つう）

17

3

①ゆびで なぞりましょう。

広

よみかた　コウ・ひろい・ひろまる・ひろめる・ひろがる・ひろげる　5かく

なりたち　もとの字は「廣」。「广」(や ねと 黄)(火の 先の ひかりが ひろがる)をあわせた字。

②かきじゅんに きを つけて「広」を かきましょう。

③□に「広」を かきましょう。

□い。（ひろ）

□こく。（こう）

5 □に かん字を、（　）に かん字と おくりがなを かきましょう。(1つ5てん)

① □がわを（　）とおる。

② 名前(なまえ)の □（番）。

③ はこに □（　）。

④ テレビの □（　）。

⑤ 豆(まめ)に □が（　）。

⑥ □に（　）わらう。

⑦ 友(とも)と □わる。（　）

⑧ □に せいり。

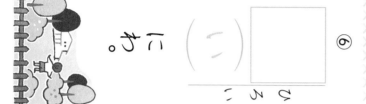

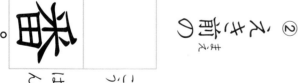

---

4 ――の かん字の よみがなを かきましょう。(1つ5てん)

① 線(せん)が 交わる。
（　　　）

② カードが 交ざる。
（　　　）

③ 近(ちか)くの 交番。
（　　　）

④ 人が 通る。
（　　　）

⑤ 学校に 通う。
（　　　）

⑥ 交通じこ。
（　　　）

⑦ 新聞(しんぶん)に 広こく。
（　　　）

⑧ 広い へや。
（　　　）

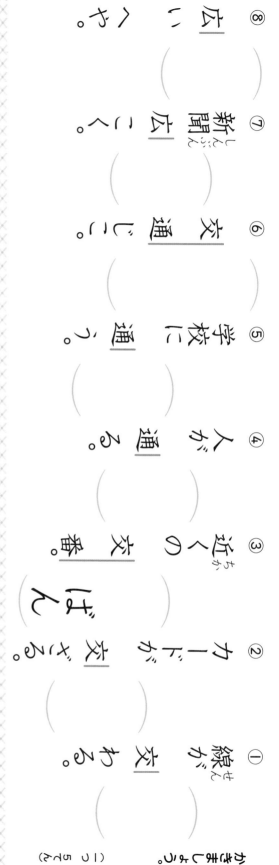

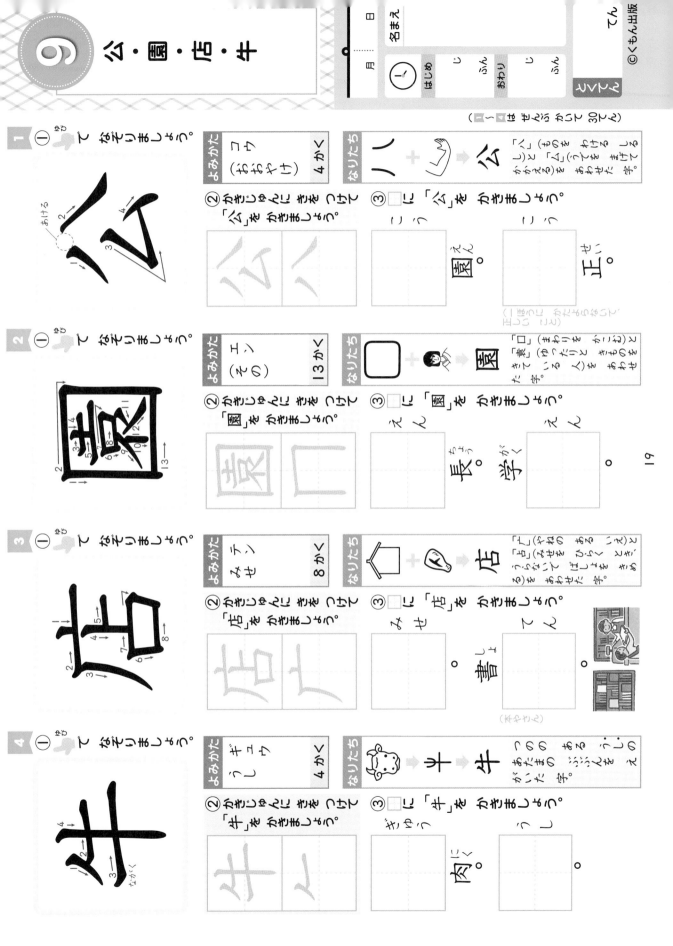

月　日　名まえ

©くもん出版

てん

はじめ　じ　ふん　おわり　じ　ふん

ひょうてん

（□1〜□4は せつぶん おいて 30てん）

1

① てで なぞりましょう。

よみかた　コウ（おおやけ）　4かく

なりたち　ハ ＋ ム → 公

「ハ」（ものを わける しるし）と「ム」（じぶんの ほうに かかえる）を あわせた字。

② かきじゅんに きを つけて「公」を かきましょう。

③ □に「公」を かきましょう。

こう　園。

こう　正。

（1ばんめと 2ばんめの かきじゅん ちゅうい）

2

① てで なぞりましょう。

よみかた　エン（その）　13かく

なりたち　□ ＋ 袁 → 園

「□」（まわりを かこむ）と「袁」（ゆったりと きものを きて いる人）を あわせた字。

② かきじゅんに きを つけて「園」を かきましょう。

③ □に「園」を かきましょう。

えん　長。

がく　えん　学園。

19

3

① てで なぞりましょう。

よみかた　テン　みせ　8かく

なりたち　广 ＋ 占 → 店

「广」（たての ある いえ）と「占」（みせを ひらく ばしょを きめる）を あわせた字。

② かきじゅんに きを つけて「店」を かきましょう。

③ □に「店」を かきましょう。

みせ　書。

てん　店。

（本やさん）

4

① てで なぞりましょう。

よみかた　ギュウ　うし　4かく

なりたち　牛 → 牛

うしの あたまの ぶぶんを えがいた字。

② かきじゅんに きを つけて「牛」を かきましょう。

③ □に「牛」を かきましょう。

ぎゅう　肉。

うし。

5

──の かん字の よみがなを かきましょう。（1つ5てん）

① 公園に 行く。（ 　　　　 ）

② 公園に 正しいを 見る。（ 　　　　 ）

③ 園長先生ちょう（ 　　　　 ）

④ ぼくじょうの 牛。（ 　　　　 ）

⑤ 牛肉を 買いに行く。（ 　　　　 ）

⑥ 店が しまる。（ 　　　　 ）

⑦ 書店に入る。（ 　　　　 ）

6

□に かん字を かきましょう。（1つ5てん）

① 〔　〕（こうし）に えさを やる。

② 〔　〕（みせ）の かんばん。

③ 〔　〕（こうえん）で あそぶ。

④ 書〔しょてん〕で はたらく。

⑤ 長〔えんちょう〕先生の話（はなし）。

⑥ 正〔ただしい〕に 行う（おこなう）。

⑦ 肉〔ぎゅうにく〕を へやる。

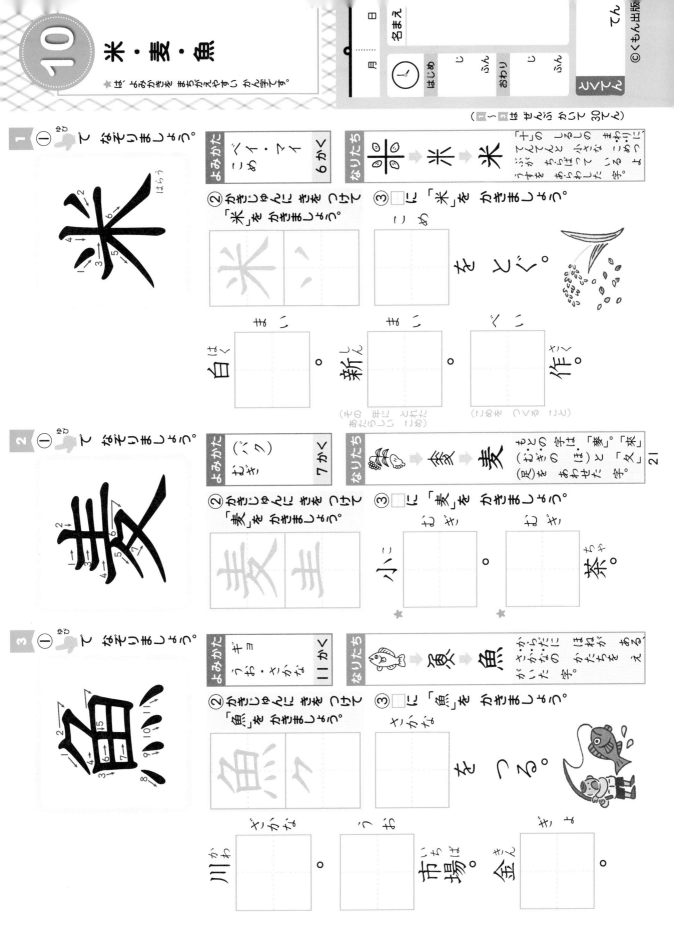

10 米・麦・魚

★ぼう・その かたちを まちがえやすい かん字です。

名まえ

月　日

はじめ　じ　ふん
おわり　じ　ふん

てん

とくてん

（□〜□は せんぶ できて 30てん）

1

① ゆびで なぞりましょう。

はらう

よみかた
ベイ・マイ
こめ

6かく

なりたち
→ 米 → 米
「米」は いねから とった こめの つぶを あらわした字です。はじめ、こめが ちらばっている ようすを あらわしました。

② かきじゅんに 気を つけて 「米」を かきましょう。

③ □に 「米」を かきましょう。

こめ
を とぐ。

こめ
白□。（その年に とれた あたらしい こめ）

しん
新□。

さく
□作。（こめが よく とれること）

2

① ゆびで なぞりましょう。

よみかた
（バク）
むぎ

7かく

なりたち
→ 麦 → 麦
もとの字は「麥」。「來」（むぎ）と「夊」（足）を あわせた字です。

② かきじゅんに 気を つけて 「麦」を かきましょう。

③ □に 「麦」を かきましょう。

むぎ
小□。

むぎ
□茶。

3

① ゆびで なぞりましょう。

よみかた
ギョ
うお・さかな

11かく

なりたち
→ 魚 → 魚
さかなの からだの かたちを あらわえた字。はねが ある さかなの かたちを あらわした字。

② かきじゅんに 気を つけて 「魚」を かきましょう。

③ □に 「魚」を かきましょう。

さかな
を つる。

かわ
川□。

さかな
うお
□市場。

きん
金□。

21

©くもん出版

22

4

──の　かん字の　よみがなを　かきましょう。(1もん　5てん)

① 米を　あらう。（　　）

② 今年の　新米。（　　）

③ 米作りの　名人。（　　）

④ 美茶を　のむ。（　　）

⑤ 川魚を　食べる。（　　）

⑥ 魚市場　いちば。（　　）

⑦ 金魚を　かう。（　　）

5

□に　かん字を　かきましょう。(1もん　5てん)

① 大きな　□（さかな）を　つる。

② □（びじ）□（ちゃ）を　のむ。

③ □（こめ）づくりを　している。

④ □（きん）□（ぎょ）の　えさ。

⑤ 町の　□（う）□（お）□（ば）市場。

⑥ □（しん）□（まい）を　食べる。

⑦ □（はく）□（い）の　家。

11 海・谷・岩・星

（□1〜□4は せんぶ かいて 30てん）

1 ① ゆび で なぞりましょう。

よみかた　カイ　うみ　9かく

なりたち　〰 ＋ 〓 ➡ 海
もとの 字は「海」。「氵」（水）と「毎」（くらい）を あわせた 字。

② かきじゅんに きを つけて「海」を かきましょう。

③ □に「海」を かきましょう。

うみ　　　かい
　　　。　　　外。

2 ① ゆび で なぞりましょう。

よみかた　(コク)　たに　7かく

なりたち　〓 ➡ 谷
「ハ」(水)と 左に わかれる しるし)と「口」(くぼみ)を あわせた 字。

② かきじゅんに きを つけて「谷」を かきましょう。

③ □に「谷」を かきましょう。

たに　　　たに
　　　。　　　川が。

3 ① ゆび で なぞりましょう。

よみかた　ガン　いわ　8かく

なりたち　〓 ＋ 〓 ➡ 岩
「山」と「石」を あわせた 字。

② かきじゅんに きを つけて「岩」を かきましょう。

③ □に「岩」を かきましょう。

いわ　　　がん
　かげ。　　石せき。

4 ① ゆび で なぞりましょう。

よみかた　セイ・(ショウ)　ほし　9かく

なりたち　〓 ➡ 星 ➡ 星
「日」(上空に かがやく ほし)と「生」(こまかいと いう いみ)を あわせた 字。

② かきじゅんに きを つけて「星」を かきましょう。

③ □に「星」を かきましょう。

ほし　　　せい
　　　。　　　ざ。

(ほし のような かたちに 見立てた もの)

① □。
（た・い）

② □へ。
（ほ・し・か・だ）

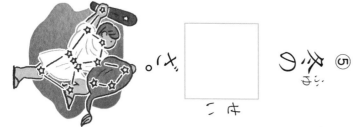

③ □が いけに つかれる。
（い・わ）

④ □で 魚（さかな）を とる。
（う・み）

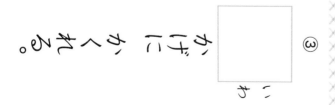

⑤ 冬（ふゆ）の □せい。
（せ・い）

⑥ □を しらべる。
（がん・せき）

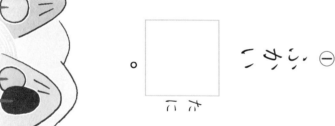

⑦ 外 □に 行（い）く。へ。
（か・い・が・い）

① 海で およぐ。
（　　　）

② 海外より 行く。
（　　　）

③ 谷を わたる。
（　　　）

④ 大きな 岩。
（　　　）

⑤ 黒（くろ）い 岩石。
（　　　）

⑥ 星を 見る。
（　　　）

⑦ 夜空（よぞら）の 星。
（　　　）

©くもん出版

名まえ

月　日

はじめ　じ　ふん
おわり　じ　ふん

とくてん　てん

1 ──の かん字の よみがなを かきましょう。　(一つ 4てん)

① （　　）
何 も ない。

② （　　）
牛 の しっぽ。

③ （　　）
星 が きれいだ。

④ （　　）
米 を 買う。

⑤ （　　）
川魚 を やく。

⑥ （　　）
雨戸 を あける。

⑦ （　　）
麦茶 を のむ。

⑧ （　　）
岩石 が われる。

2 ──の かん字の よみがなを かきましょう。　(一つ 4てん)

① （　　）
店 が あく。

（　　）
書店 に 行く。

② （　　）
青い 海。

（　　）
海外 に すむ。

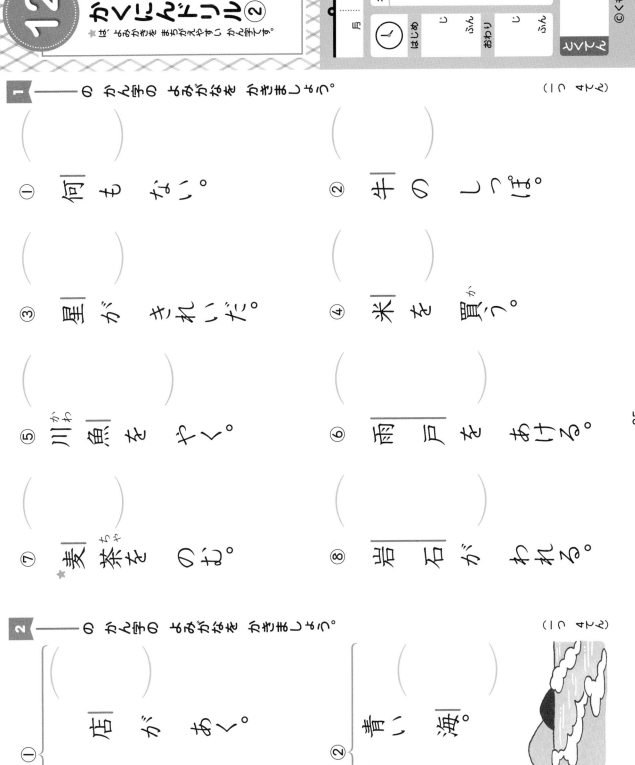

25

4 ——の ことばを かん字と ひらがなで 書きましょう。 (1つ5てん)

① 風車(かざぐるま)が まわる。

② 電車(でんしゃ)が とおる。

③ ひろい 体(からだ)いくかん。

④ 線(せん)が まじわる。

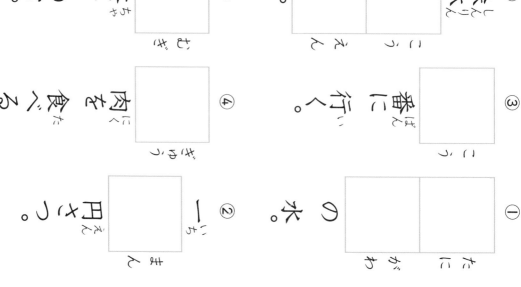

3 □に かん字を 書きましょう。 (1つ4てん)

① □□の 水。（た・に・わ）

② □一。（えん・まん）

③ □番に 行く。（いち）

④ □へ 肉を 食べる。（き）

⑤ 森林□□。（し・いん）

⑥ □茶の む。（こう）

⑦ 市の □場。（いち・おう）

⑧ □□も 言う。（なん・かい）

丸・太・細

★ばしょや かずを まちがえやすい かん字です。

（□～③は せいかい 20てん）

1 ① ☞ てなぞりましょう。

よみかた	ガン まる・まるい まるめる	3かく

なりたち：円 ➡ 爪 ➡ 丸
まがる・かける下人がからだをまるめて しゃがんでいるすがたをあらわした字。

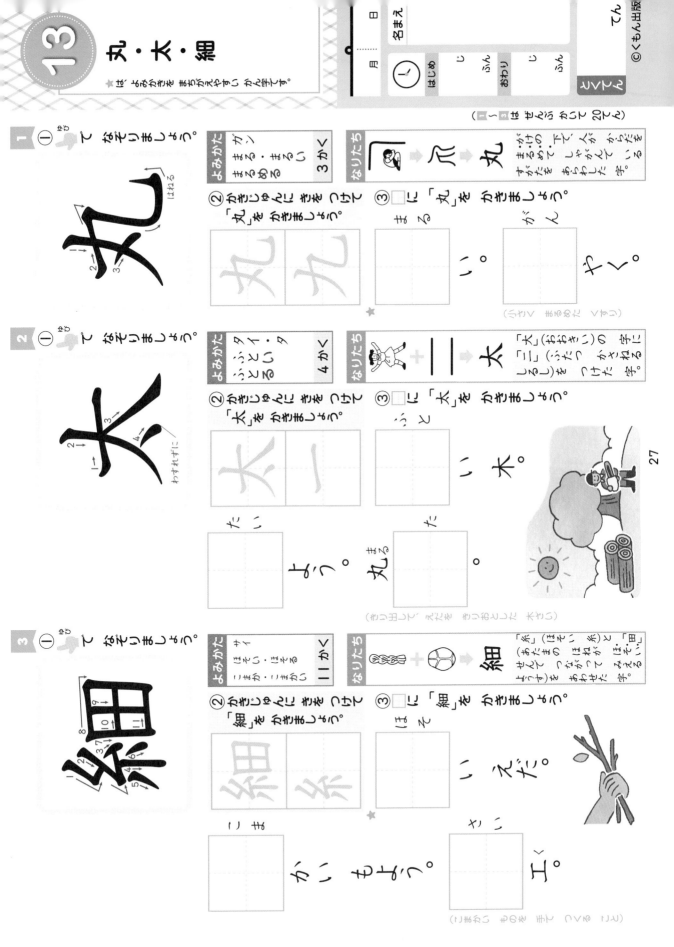

はねる

② かきじゅんに 気を つけて「丸」を かきましょう。

③ □に「丸」を かきましょう。

まる
〇。

がん
がん。

（ひだり てんすう 4てん びつ）

2 ① ☞ てなぞりましょう。

よみかた	タ ふとい・ふとる ふとらせる	4かく

なりたち：人 ＋ 丶 ➡ 太
「大」（おおきい）の字に「丶」（ふとく かさねる しるし）を つけた字。

わすれずに

② かきじゅんに 気を つけて「太」を かきましょう。

③ □に「太」を かきましょう。

ふと
木。

だい
ようぼう。

まる
丸。

（ひとつ 8てん 2つ 16てん）

3 ① ☞ てなぞりましょう。

よみかた	サイ ほそい・ほそる こまか・こまかい	11かく

なりたち：糸 ＋ 田 ➡ 細
「糸」（ほそい糸）と「田」（ほそく つながって いる）を あわせた字。

② かきじゅんに 気を つけて「細」を かきましょう。

③ □に「細」を かきましょう。

ほそ
えだ。

こま
かい ちょう。

さい
工。

（ひとつ 10てん 3つ 30てん）

27

28

---

① ［　］よ（　）が よいしむ。

② 竹（たけ）［工］の 作（さく）ひん。

③ ［　］（　）地（ち）きゅう。

④ ［　］（ほ　そ　い）道（みち）を 通（とお）る。

⑤ ［　］やへを 買（か）う。

⑥ ［　］（ふ　と　い）線（せん）を 引（ひ）く。

⑦ ［　］（ま　る　た）を 切（き）る。

⑧ ［　］（こ　ま　か　い）あか。

---

① 地（ち）めんは 丸い。（　）

② 丸い やへを のむ。（　）

③ 太い やへを のむ。（　）

④ 太（たい）ようの 光（ひ）。（　）

⑤ 丸太 小屋（ごや）。（　）

⑥ 細い 糸（いと）。（　）

⑦ 細かに 文字。（　）

⑧ 細工を する。（　）

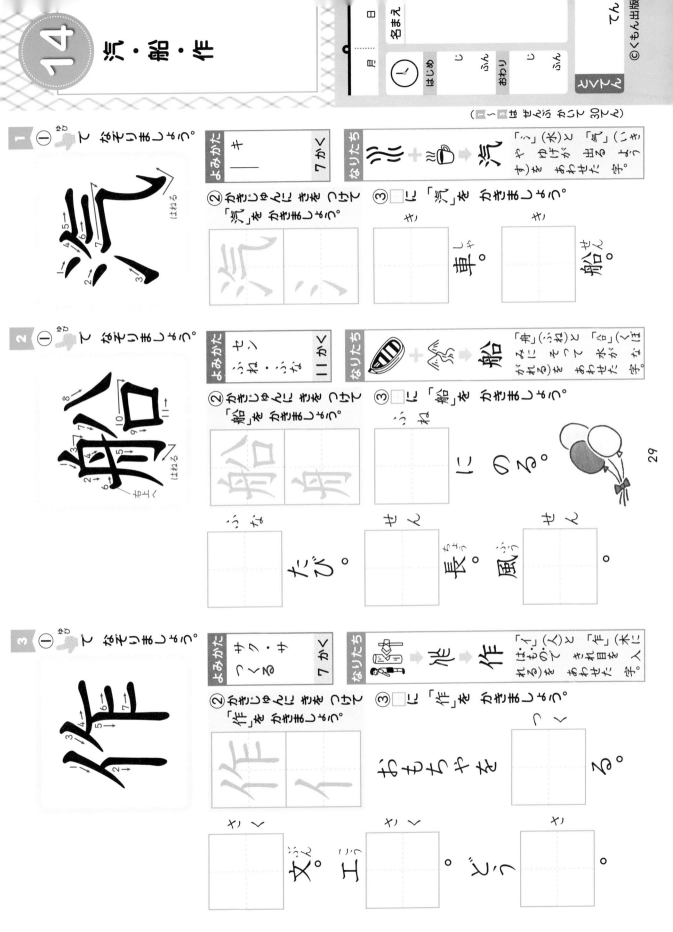

4 かん字の ──── の よみがなを かきましょう。 (1つ5てん)

① 汽車が 走(はし)る。 （　　　　）

② 船が すすむ。 （　　　　）

③ 船で たびに 出る。 （　　　　）

④ 赤い 風船(ふうせん)。 （　　　　）

⑤ 朝食(ちょうしょく)を 作る。 （　　　　）

⑥ 作文を 書(か)く。 （　　　　）

⑦ ○○の どく作。 （　　　　）

5 □に かん字を、（　）に かん字と おくりがなを かきましょう。 (1つ5てん)

① すばらしい □(せ)。

② □(ふな)から たびに 出る。

③ ケーキを □(つく)（　る　）。

④ □(きしゃ)に のる。

⑤ □(さくぶん)を 読(よ)む。

⑥ みんなで □(ふうせん)を 見る。

⑦ 風□(ふうせん)を もらう。

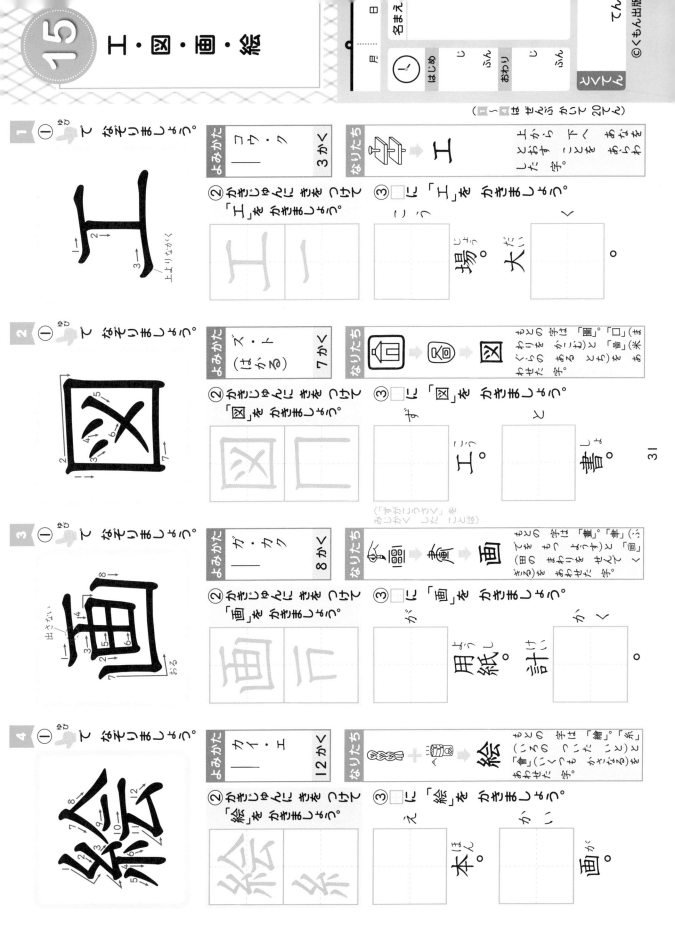

名まえ

月　日

はじめ　じ　ふん
おわり　じ　ふん

とくてん

てん

© くもん出版

（□〜□は せんぶ かいて 20てん）

1

① ゆびで なぞりましょう。

よみかた　コウ・ク
3かく

なりたち　上から 下へ つきとおす ことを あらわした 字。

工

1→　2→　3→
上より ながく
上より みじかく

② かきじゅんに きを つけて 「工」を かきましょう。

③ □に 「工」を かきましょう。

工場。　大工。

2

① ゆびで なぞりましょう。

よみかた　ズ・ト（はかる）
7かく

なりたち　もとの 字は「圖」。「口」（まわりを かこむ）と「啚」（米ぐらの ある ところ）を あわせた 字。

図

5　4　6
2　3
1→　7→

② かきじゅんに きを つけて 「図」を かきましょう。

③ □に 「図」を かきましょう。

図工。　図書。

（「すうがくずけい」を おしえて しまわせない）

3

① ゆびで なぞりましょう。

よみかた　ガ・カク
8かく

なりたち　もとの 字は「畫」。「聿」（ふで）と「囲」（田の まわりを せんで かこむ）を あわせた 字。

画

8→　4
1→　3　5　6
7　おる
出さない

② かきじゅんに きを つけて 「画」を かきましょう。

③ □に 「画」を かきましょう。

画用紙。　計画。

4

① ゆびで なぞりましょう。

よみかた　カイ・エ
12かく

なりたち　もとの 字は「繪」。「糸」（こちの いた いと）と「會」（こくもつを かさなる）を あわせた 字。

絵

8　12
2　7　11
1　3　9　10
5　4　6

② かきじゅんに きを つけて 「絵」を かきましょう。

③ □に 「絵」を かきましょう。

絵本。　絵画。

31

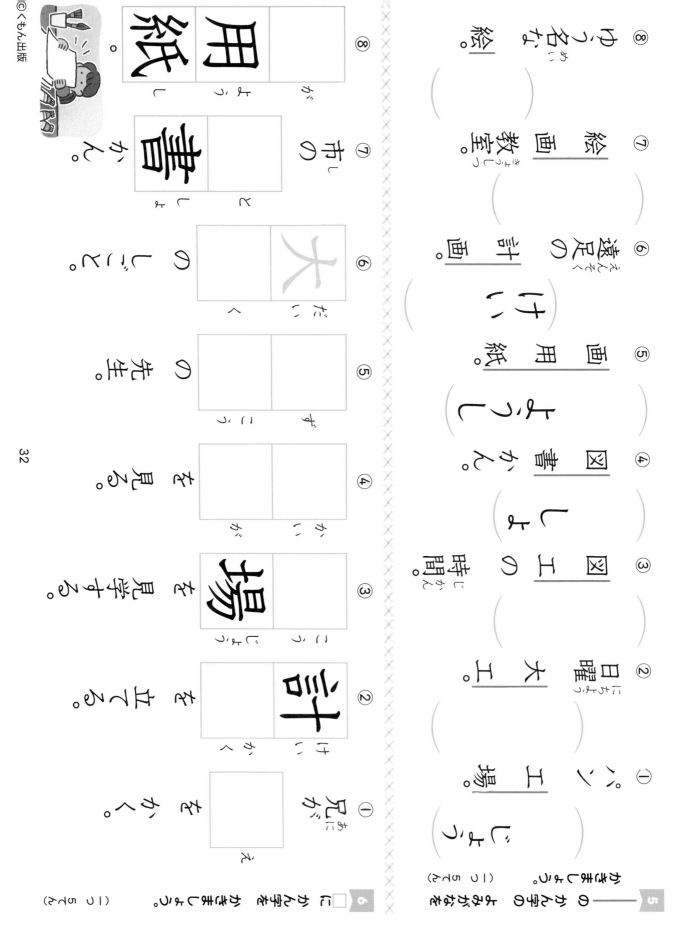

5 ──の かん字の よみがなを かきましょう。（1つ5てん）

① パン工場 じょう （　　）

② 日曜日 大工 （　　）

③ 図工の時間 （　　）

④ 図工書しょかん （　　）

⑤ 画用紙 よう （　　）

⑥ 遠足の計画 けい （　　）

⑦ 総画 数室 ぼ （　　）

⑧ ゆう名な絵 （　　）

6 □に かん字を かきましょう。（1つ5てん）

① 見が □を か く。

② 計 □を た てる。

③ 場 を 見学する。

④ □ を 見る。

⑤ □ の 先生。

⑥ 大 □ の しごと。

⑦ 赤い □書 かん。

⑧ 用紙 に □ か く。

32

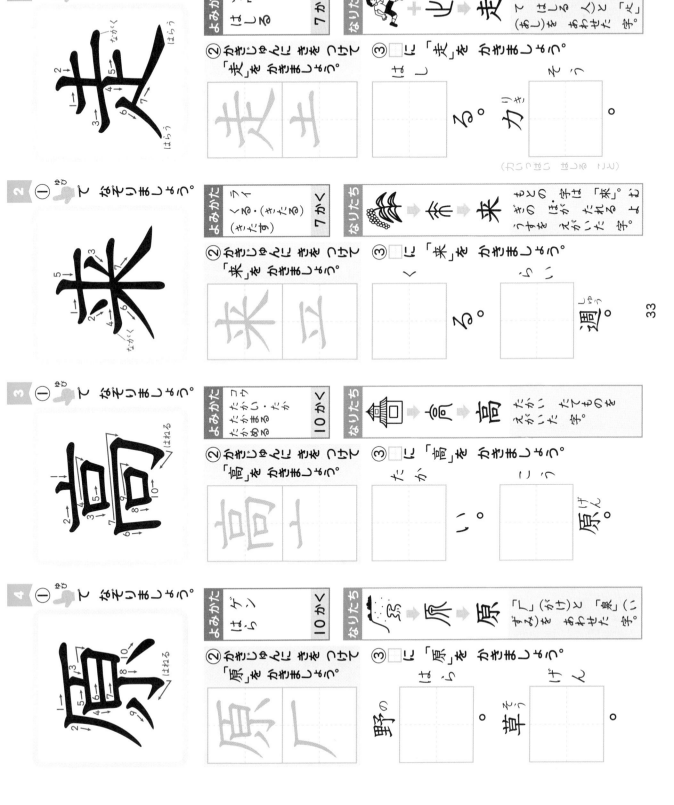

33

34

5

──の かん字の よみがなを かきましょう。（1つ5てん）

① 馬が 走る。
（　　　）

② 力が 走する。
（　　　）

③ 友だちが 来る。
（　　　）

④ 来週の よてい。
（　　　）

⑤ 声が 高い。
（　　　）

⑥ 高原の 天気。
（　　　）

⑦ 広い 野原。
（　　　）

⑧ 草原に 行く。
（　　　）

6

□に かん字を、（ ）に かん字と おくりがなを かきましょう。（1つ5てん）

① 親せきが □へ
（　　　）る。

② 野の はらを
かけ回る。

③ ねだんが
（　　い）。

④ 電車が
（　は し る）。

⑤ 草そうに 牛が
（　　　）る。

⑥ 遠足は 週
しゅうだ。

⑦ 弟が 力
きそうする。

⑧ 高原の
空気。

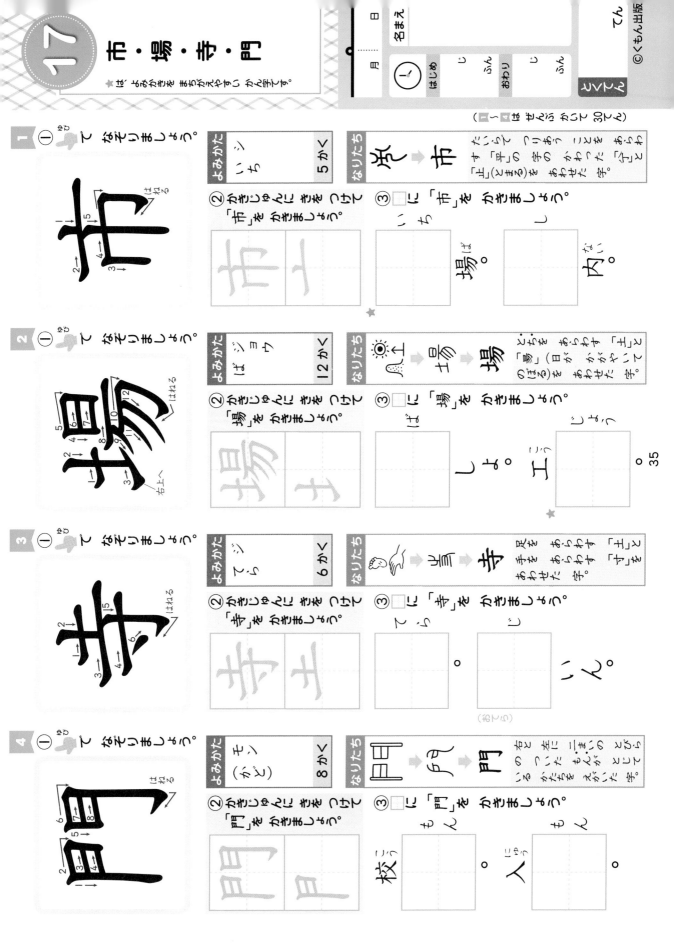

★は、よみかたを まちがえやすい かん字です。

名まえ

月　日

©くもん出版

（□１〜□は せんぶ かいて 30てん）

1 ①　でなぞりましょう。

よみかた　シ　いち　5かく

なりたち　「市」は、しるしを あらわす「亠」と、人が あつまる ところを あらわす「止」（とまる）を あわせた字。

②　かきじゅんに 気を つけて「市」を かきましょう。

③　□に「市」を かきましょう。

いち　場は　し　内。

2 ①　でなぞりましょう。

よみかた　ジョウ　ば　12かく

なりたち　「土」と、うつりかわる ことを あらわす「昜」（日が かがやいて のぼる）を あわせた字。

②　かきじゅんに 気を つけて「場」を かきましょう。

③　□に「場」を かきましょう。

ば　しょ。　エ　じょう。

35

3 ①　でなぞりましょう。

よみかた　ジ　てら　6かく

なりたち　足を あらわす「止」と、手を あらわす「寸」を あわせた字。

②　かきじゅんに 気を つけて「寺」を かきましょう。

③　□に「寺」を かきましょう。

てら。　じ　いん。

（おてら）

4 ①　でなぞりましょう。

よみかた　モン　（かど）　8かく

なりたち　左右に はしらの ついた もんの かたちを えがいた字。

②　かきじゅんに 気を つけて「門」を かきましょう。

③　□に「門」を かきましょう。

校こう　もん。　にゅう　もん。

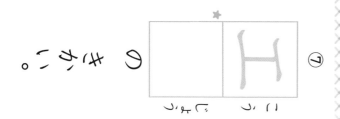

5 ──の かん字の よみがなを かきましょう。(1つ5てん)

① 魚 ★市場。（　　）

② 市内 の 店。（　　）

③ 広い 場しょ。（　　）

④ 大きな ★工場。（　　）

⑤ 京都 の 寺（　　）（　　）

⑥ 寺 に いに 入る。（　　）

⑦ 門 が しまる。（　　）

6 □に かん字を かきましょう。(1つ5てん)

① 家の ［もん］ を あける。

② ［てら］ の かねを つく。

③ ★［いち］［ば］で 魚を 買う。

④ ［し］ の いしだん。

⑤ あるく ［ば］しょ。

⑥ ［し］［ない］に すむ。

⑦ ★［こう］［じょう］ の きかい。

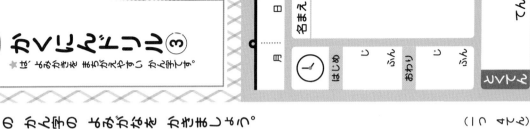

1 ――の かん字の よみがなを かきましょう。　（1つ 4てん）

① 細かい すな。　（　）

② 大きな 船。　（　）

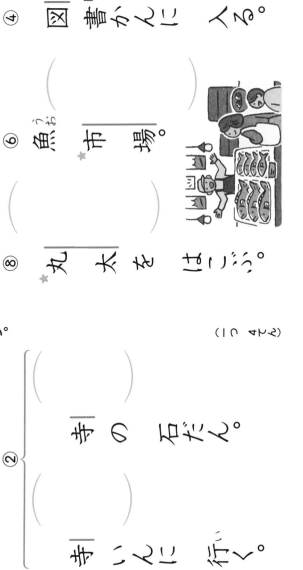

③ 公園まで 走る。　（　）

④ 図書かんに 入る。　（　）

⑤ 作文の だい。　（　）

⑥ 魚市場。　（　）

⑦ 工場見学。　（　）

⑧ 丸太を はこぶ。　（　）

2 ――の かん字の よみがなを かきましょう。　（1つ 4てん）

①
野原で あそぶ。　（　）
すずしい 高原。　（　）

②
寺の 石だん。　（　）
寺いんに 行く。　（　）

4 ──の ことばを かん字と ひらがなで かきましょう。　(に5てん)

① じ──ビーを はこびます。

② ほそ──い ペン。

③ ケーキを つく──る。

④ たか──い 山。

3 □に かん字を かきましょう。　(に4てん)

① □を ──す。

② 友だちが □──。

③ □ ひ──い。

④ 青い 風□。

⑤ □□て ──ん。

⑥ □□に ──る。

⑦ □□きり ──する。

⑧ □□の 時間。

19 方・角・形

★はつおんがきを まちがえやすい かんじです。

名まえ

月 日

① はじめ じ ふん おわり じ ふん

とくてん

（ 1 ～ 3 は ぜんぶ かいて 20てん）

1

① ゆびで なぞりましょう。

方

2→ 1↓ 3 4→ はねる

よみかた	ホウ・かた
	4かく

なりたち
方 → 方 → 方
左右に えだが 出た 大きさを あらわす 字。

② かきじゅんに きを つけて「方」を かきましょう。

方 丁

③ □に「方」を かきましょう。

□ほう 角。作（つく）り□かた。

2

① ゆびで なぞりましょう。

角

2→ 1 3→ 4 5 6 7 はねる

よみかた	カク
	かど・つの
	7かく

なりたち
角 → 角 → 角
先の とがった どうぶつの つのの かたちを あらわした 字。

② かきじゅんに きを つけて「角」を かきましょう。

角 ㇇

③ □に「角」を かきましょう。

□かどを まがる。 牛（うし）の □つの。 三（さん）□かく 形（けい）。

3

① ゆびで なぞりましょう。

形

1→ 3→ 4 2→ 5 6 7 はらう

よみかた	ケイ・ギョウ
	かた・かたち
	7かく

なりたち
井 + 彡 → 形
「开」（きちんと ととのった ものの かたち）と「彡」（しるしの かたち）を あわせた 字。

② かきじゅんに きを つけて「形」を かきましょう。

形 彡

③ □に「形」を かきましょう。

□かたち。花（はな）□がた。四（し）□かく 形（けい）。人（にん）□ぎょう で あそぶ。

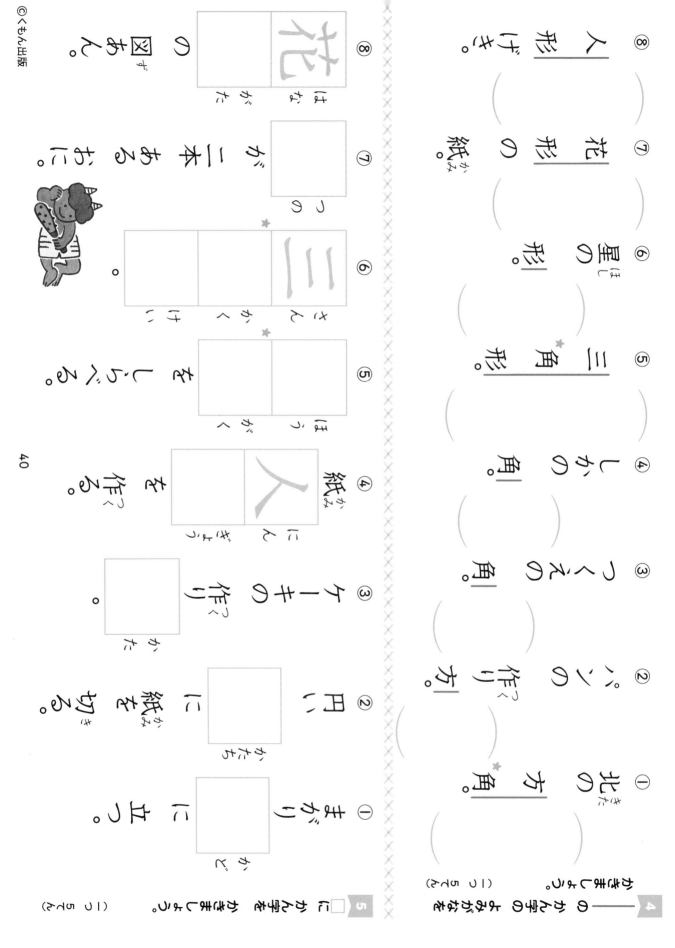

4 かん字の ── の かん字の よみがなを かきましょう。(1つ5てん)

① 北の 方角。（　　）

② パンの 作り方。（　　）

③ つくえの 角。（　　）

④ しかくの 角。（　　）

⑤ 三角形。（　　）

⑥ 星の 形。（　　）

⑦ 花形の 紙。（　　）

⑧ 人形の 紙しばい。（　　）

5 □に かん字を かきましょう。(1つ5てん)

① かみ が ど□ に 立つ。

② 四角い かたち の 紙を 切る。

③ ケーキの 作り□。

④ 紙に 人□ を 作る。

⑤ ほう□ を しらべる。

⑥ さん□けい。

⑦ 二本ある □の 木 のおくに。

⑧ 花の 図あん。

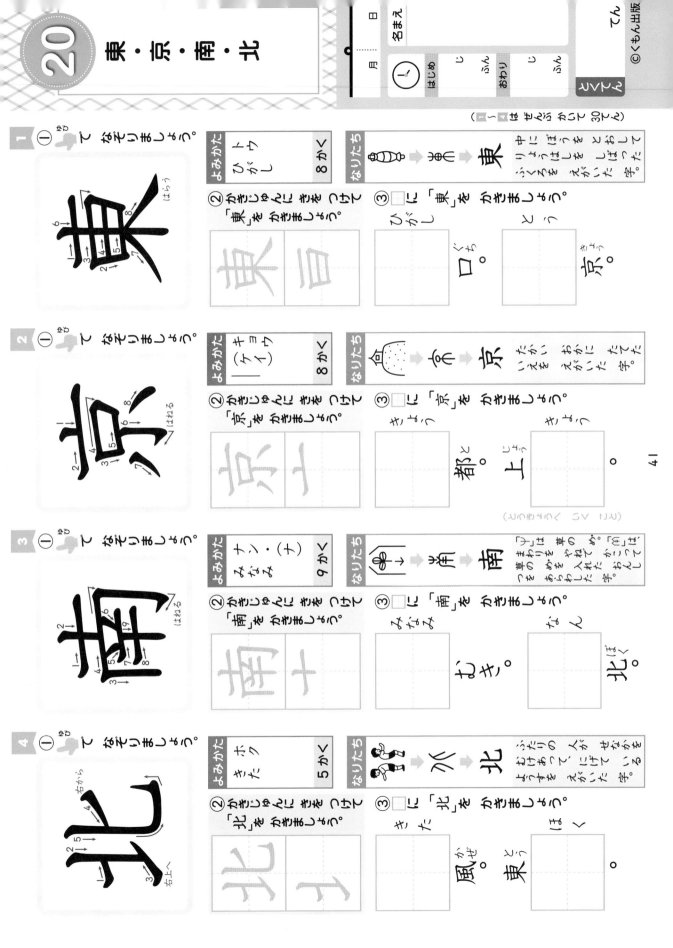

©くもん出版

（□～□は せんぶ かいて 30てん）

1

①ゆびで なぞりましょう。

よみかた	トウ ひがし
8かく	

なりたち

→ → 東
中に ほうを とおして りょうはしを しばって ふくろを えがいた字。

②かきじゅんに きを つけて 「東」を かきましょう。

③□に「東」を かきましょう。

ひがし　口ぐち。

とう　京きょう。

2

①ゆびで なぞりましょう。

よみかた	キョウ （ケイ）
8かく	

なりたち

→ → 京
たかい おかに たてた 字。

②かきじゅんに きを つけて 「京」を かきましょう。

③□に「京」を かきましょう。

きょう　都と。

きょう　上じょう。

4

（つづきは うらに あります）

3

①ゆびで なぞりましょう。

よみかた	ナン・（ナ） みなみ
9かく	

なりたち

→ → 南
「门」は 草の まわりを かこい おおったしるし。「丰」は 草の めを あらわし、草木を入れた おんしつを えがいた字。

②かきじゅんに きを つけて 「南」を かきましょう。

③□に「南」を かきましょう。

みなみ　むき。

なん　北ぼく。

4

①ゆびで なぞりましょう。

よみかた	ホク きた
5かく	

なりたち

→ → 北
ふたりの 人が せなかを むけあって いる ようすを えがいた字。

②かきじゅんに きを つけて 「北」を かきましょう。

③□に「北」を かきましょう。

きた　風かぜ。

東とう　ほく。

42

──の かん字の よみがなを かきましょう。（1もん5てん）

① えきの 東口（　）。

② 東京（　）に 行く。

③ 京都（　）の おてら。

④ 南むきの へや。

⑤ 南北（　）に 長い。

⑥ 北風（　）が ふく。

⑦ 東北（　）地方。

6

□に かん字を かきましょう。（1もん5てん）

① □（きょう・と） 都 に 行く。

② □（かぜ） 風 が 強い。

③ □（ひがし）□（ぐち）口 で はしります。

④ □（なん）□（ぼく） に はしる 道。

⑤ □（と）□（ほ）□ のまわり。

⑥ □（みなみ） がわの 校しゃ。

⑦ □（とう）□（きょう） タワー。

日 名まえ 月

てん

© くもん出版

（□〜□は ぜんぶ かいて 20てん）

1 ① ゆびで なぞりましょう。

よみかた
セイ・サイ
にし
6かく

なりたち
かごを えがいた 字。→ 西

② かきじゅんに きを つけて 「西」を かきましょう。

③ □に 「西」を かきましょう。

にし 。

にし がわ。

なん 南 □ の 風かぜ。
とう 東 □ 。

2 ① ゆびで なぞりましょう。

よみかた
ガイ・ゲ
そと・ほか
はず す・はず れる
5かく

なりたち
夕 ＋ ｜ → 外

三日月を あらわす「タ」と「ト」（うらないで かめの こうらから 出た もよう）を あわせた 字。

② かきじゅんに きを つけて 「外」を かきましょう。

③ □に 「外」を かきましょう。

そと 。

がわ。

ボタンを はず □ す。

がい 国こくじん人。

43

3 ① ゆびで なぞりましょう。

よみかた
タ
おおい
6かく

なりたち
にくの かたまりを あらわす「タ」を 二つ あわせた 字。→ 多

② かきじゅんに きを つけて 「多」を かきましょう。

③ □に 「多」を かきましょう。

おお い。

た 数すう 。

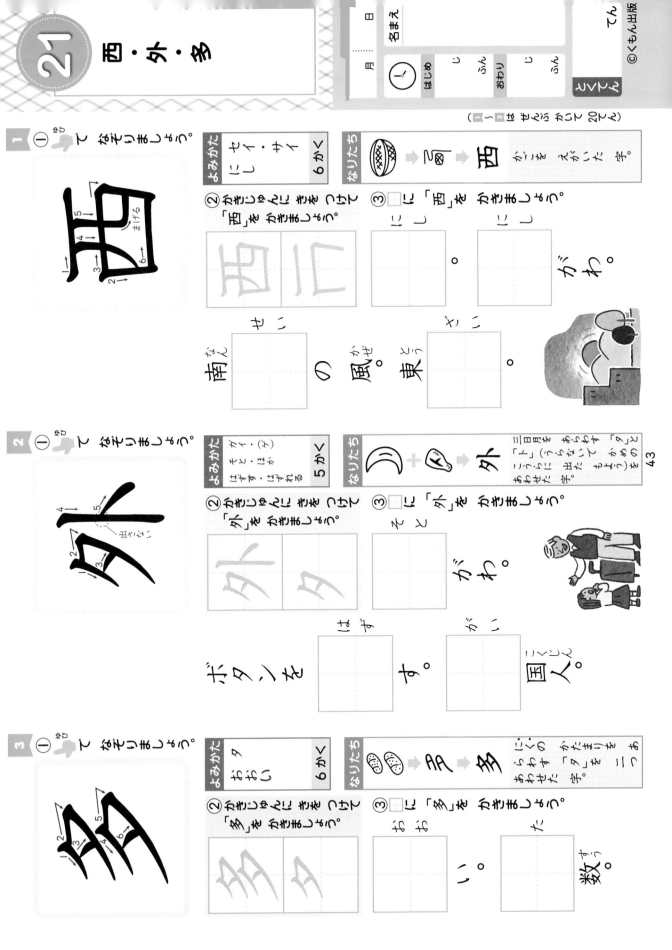

44

5

□に かん字を、( )に かん字と おくりがなを かきましょう。(1もん 5てん)

① はい□(そと)の 船(ふね)が とむ。

② □に の すすむ。

③ 人(おお)が □。

④ □(東) に 走(はし)る 道(みち)。

⑤ めがねを □(す)。

⑥ 多□(数/すう) の 人。

⑦ □(南) の 風(かぜ)。

⑧ 国(くに) □人。

4

——の かん字の よみがなを かきましょう。(1もん 5てん)

① 西(　)を めざす。

② 南西(　)の 方角(ほう　)。

③ 東西(　)の 長(なが)さ。

④ 線(せん)の 外(　)がわ。

⑤ 車(くるま)が 線の 外(　)に 多(　)く。

⑥ 車が まとを 外(　)す。

⑦ 外国(　)へ いく。

⑧ 多数(　)の 意見(い　)。

★ は、よみがきを まちがえやすい かん字です。

名まえ

月　日

てん
©くもん出版

はじめ　じ　ふん　おわり　じ　ふん

とくてん

（□〜□は せんぶ かいて 20てん）

1

①□ゆびで なぞりましょう。

よみかた	タイ・（テイ） からだ	7かく

なりたち：體→体→体
もとの字は「體」。いまの「体」は「イ」と「本」を あわせた字。

②かきじゅんに きを つけて「体」を かきましょう。

③□に「体」を かきましょう。

からだ　　だい

そう。

2

①□ゆびで なぞりましょう。

よみかた	シュ くび	9かく

なりたち：首
かみの けが はえて いる 人の くびから うえを えがいた字。

②かきじゅんに きを つけて「首」を かきましょう。

③□に「首」を かきましょう。

くび　　しゅ

都と。

45

3

①□ゆびで なぞりましょう。

よみかた	モウ け	4かく

なりたち：毛
どうぶつの けや とりの はねの ようすを えがいた字。

②かきじゅんに きを つけて「毛」を かきましょう。

③□に「毛」を かきましょう。

け　　もう

糸と。　　ぶ。

4

①□ゆびで なぞりましょう。

よみかた	コク くろ・くろい	11かく

なりたち：黑→黒
もとの字は「黑」。まどから すすが でて くろく なる ようすを えがいた字。

②かきじゅんに きを つけて「黒」を かきましょう。

③□に「黒」を かきましょう。

くろ　　こく

い。　　ばん。

5 ──の かん字の よみがなを かきましょう。(1つ 5てん)

① 体を ふく。（　　）

② ラジオ体そう。（　　）と

③ 日本の 首都（　　）と

④ 花の 首かざり。（　　）

⑤ 赤い 毛糸（　　）と

⑥ 毛ふを かける。（　　）

⑦ 黒い 黒に（　　）

⑧ 黒ばんに 書く。（　　）

6 □に かん字を、（　　）に おくりがなを かきましょう。(1つ 5てん)

① □（もん）□（　　）まえに 立つ。

② □（べい）□の 前に 立つ。

③ □（からだ）は □（　　）に よい。

④ □都（しゅと）の プランスの。

⑤ 朝（あさ）□（　　）たい そうを する。

⑥ 糸□（けいと）の セーター。

⑦ □（くび）かざりを つける。

⑧ □（　　）を ぬぐ。ほし。

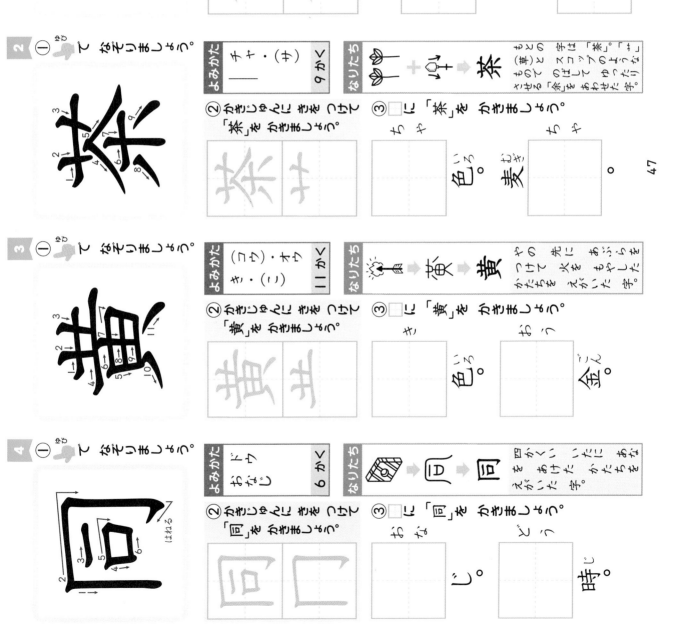

右ページ（5）

5 ──のかん字のよみがなを かきましょう。(1もん 5てん)

① 金色の糸。
（　　　）

② 十二色入り。
（　　　）

③ 麦茶をのむ。
（　　　）

④ 黄色い花。
（　　　）

⑤ 黄金の光。
（　　　）

⑥ 同じクラス。
（　　　）

⑦ 同時に言う。
（　　　）

48

左ページ（6）

6 □にかん字を、（ ）にひらがなを かきましょう。(1もん 5てん)

① 黄色
のクレヨン。

② 時
に　わかる。

③ 金
のおりがみ。

④ （じ）
本を読む。

⑤ 金
のかんむり。

⑥ 十二
の絵のぐ。

⑦ 麦
をかう。

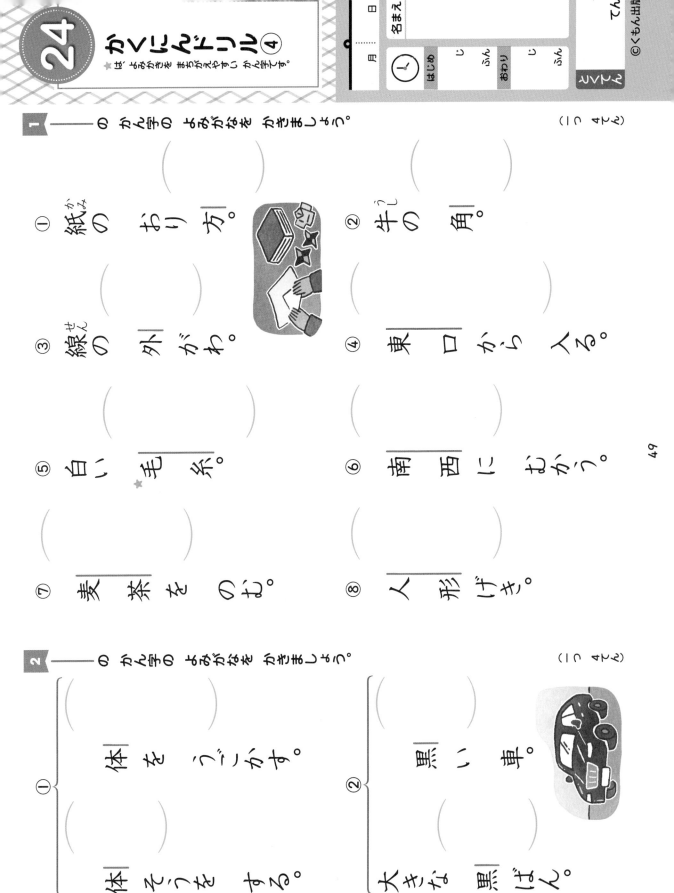

1　――の かん字の よみがなを かきましょう。　(一つ 4てん)

① 紙の おり方。

② 牛の 角。

③ 線の 外がわ。

④ 東口から 入る。

⑤ 白い 毛糸。

⑥ 南西に むかう。

⑦ 麦茶を のむ。

⑧ 人形げき。

2　――の かん字の よみがなを かきましょう。　(一つ 4てん)

①
　体を うごかす。
　体そうを する。

②
　黒い 車。
　大きな 黒ばん。

4 ——せんの かん字を ひらがなで かきなさい。　(1つ 5てん)

① 工場（こうじょう）が おおい。　□

② おなじ たてもの。　□

③ ボタンを おす。　□

④ へいが ... はん。　□

50

3 □に かん字を かきなさい。　(1つ 4てん)

① ノートの □（かたち）。

② 母（はは）は □（べ）へ。

③ □（にし）がわの 門（もん）。

④ つめたい □（きた）風（かぜ）。

⑤ □（みなみ）を ... へ。

⑥ □□（き）（に）い かご。

⑦ 家（いえ）の □□（は）（が）は ... へ。

⑧ □□（と）（ち）の 友だち（ともだち）。

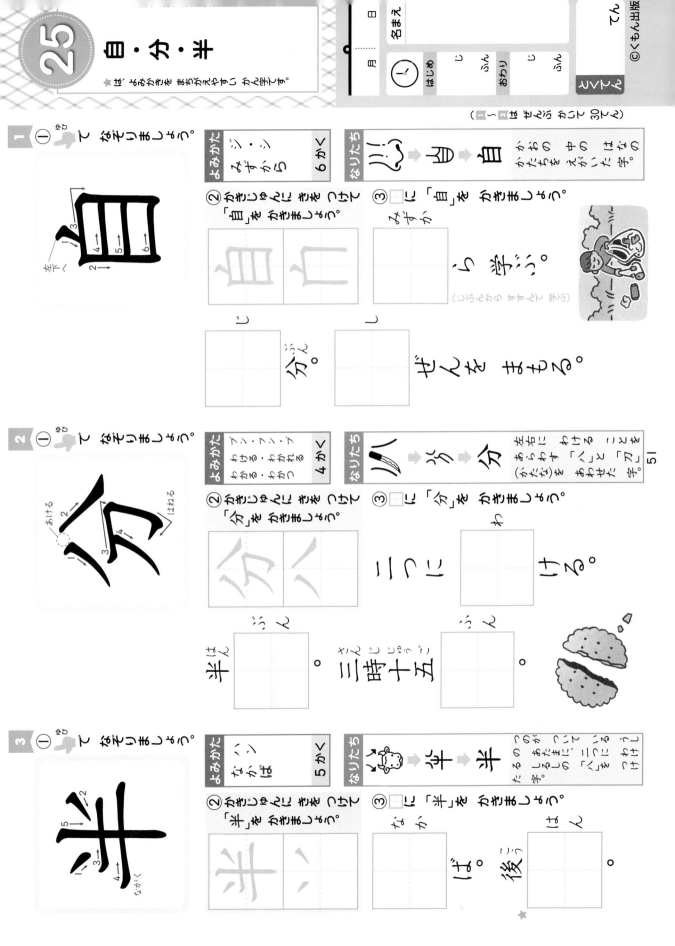

目・分・半

★は、まちがえやすい かん字です。

名まえ

月　日

はじめ　じ　ふん
おわり　じ　ふん

とくてん

てん

©くもん出版

（□〜□は せんぶ かいて 30てん）

1

① ゆび で なぞりましょう。

左下く

よみかた	なりたち
メ・シ・シ ミ 6かく	かおの 中の はなの かたちを えがいた字。

👁 ➡ 目 ➡ 目

② かきじゅんに きを つけて 「目」を かきましょう。

③ □に 「目」を かきましょう。

みず

〇　学ぶ。

（「学ぶ」「まなぶ」「まなび」）

〇　分。

〇　せんを まもる。

2

① ゆび で なぞりましょう。

あける　2
はねる
3　4

よみかた	なりたち
ブン・フン・ブ わける・わかれる わかる・わかつ 4かく	左右に わける ことを あらわす「八」と「刀（かたな）を あわせた字。

八 ➡ 分 ➡ 分

② かきじゅんに きを つけて 「分」を かきましょう。

③ □に 「分」を かきましょう。

わ

二つに　〇　ける。

はん

半　〇。

ぶん

三時十五　〇。

3

① ゆび で なぞりましょう。

よみかた	なりたち
ハン なかば 5かく	つりあって いる ものの まん中に「八」を つけて わける字。

🐄 ➡ 半 ➡ 半

② かきじゅんに きを つけて 「半」を かきましょう。

③ □に 「半」を かきましょう。

なか

〇　ば。

後ご　〇　はん。

51

4

——の かん字の よみがなを かきましょう。 (1つ 5てん)

① 自ら 言う。（　　　　）

② 自ぜんの 林。（　　　　）

③ 二人で 分ける。（　　　　）

④ 半分に する。（　　　　）

⑤ 自分の 名前。（　　　　）

⑥ 十五分間。（　　　　）

⑦ 今週の 半ば。（　　　　）

5

□に かん字を、（　）に かん字と おくりがなを かきましょう。 (1つ 5てん)

① 週の　□　。（は゛）

② みずか　□　。行く。（ら）

③ □□を しゅくだい る。

④ □し を せん。ます。

⑤ わ□　。（ける）

⑥ は□ ん ぶ□ん。食べる。

⑦ 七時五□じ ん。

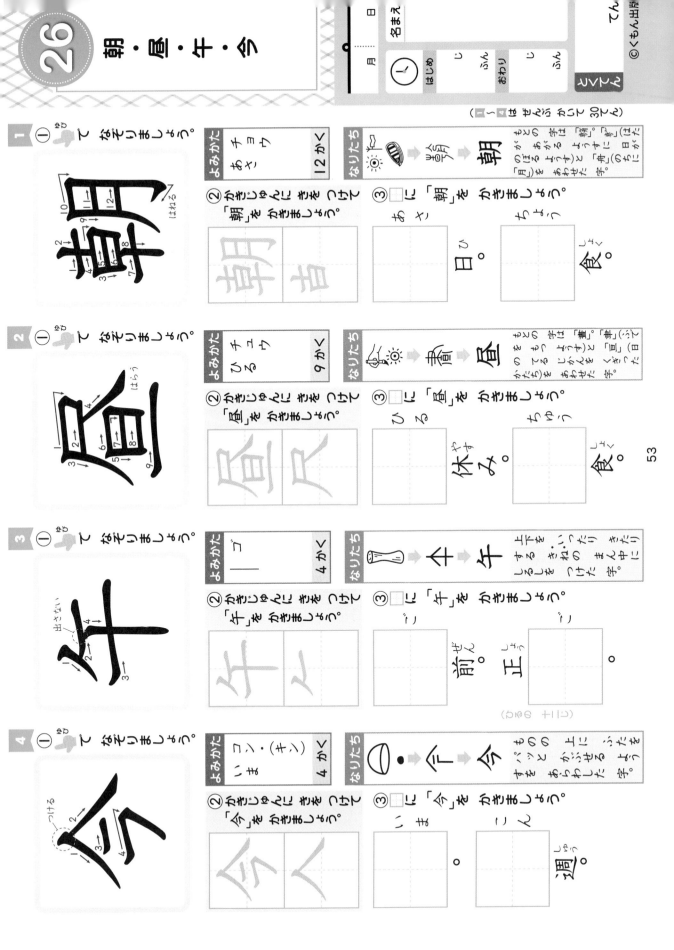

26 朝・昼・午・今

1 ①□でなぞりましょう。

よみかた	かく
チョウ あさ	12かく

なりたち：ものの字は「䪾」。「草」（はな）のあがるようすと「日」（ひ）の「月」をあわせた字。

②かきじゅんに きを つけて「朝」を かきましょう。

③□に「朝」を かきましょう。

あさ 日（ひ）。

ちょう 食（しょく）。

2 ①□でなぞりましょう。

よみかた	かく
チュウ ひる	9かく

なりたち：もとの字は「晝」。「聿」（ふで）と「旦」（日ののぼるじかん）をあわせた字。

②かきじゅんに きを つけて「昼」を かきましょう。

③□に「昼」を かきましょう。

ひる 休（やす）み。

ちゅう 食（しょく）。

53

3 ①□でなぞりましょう。

よみかた	かく
ゴ	4かく

なりたち：うすを上下をうったりつくするきの、まん中にしるしをつけた字。

②かきじゅんに きを つけて「午」を かきましょう。

③□に「午」を かきましょう。

ご 前（ぜん）。

正（しょう）ご。

（いけ ゴくに）

4 ①□でなぞりましょう。

よみかた	かく
コン・（キン） いま	4かく

なりたち：ものの上に、ふたをぴったりかぶせるようすをあらわした字。

②かきじゅんに きを つけて「今」を かきましょう。

③□に「今」を かきましょう。

いま 。

こん 週（しゅう）。

Ⓒくもん出版

① 朝日が （　　　）ます。

② 朝食を （　　　）べる。

③ 昼休みの 時間に （　　　）

④ 昼食を （　　　）して作る。

⑤ 午前の 天気。（　　せ　　）ん

⑥ 今から （　　　）あそぶ。

⑦ 今週の （　　　）よてい。

① 父は、□（ちち）出かけた。

② □休みに あそぶ。（ひる／やすみ）

③ □食を 作る。（ちゅう／しょく）

④ □週の よてい。（らい／しゅう）

⑤ □日が にしずむ。（あ／ひ）

⑥ □食の おごはん。（ちゅう／しょく）
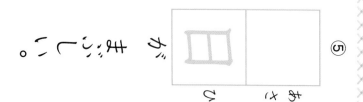

⑦ □前、時に 入る。（ぜん／じ）

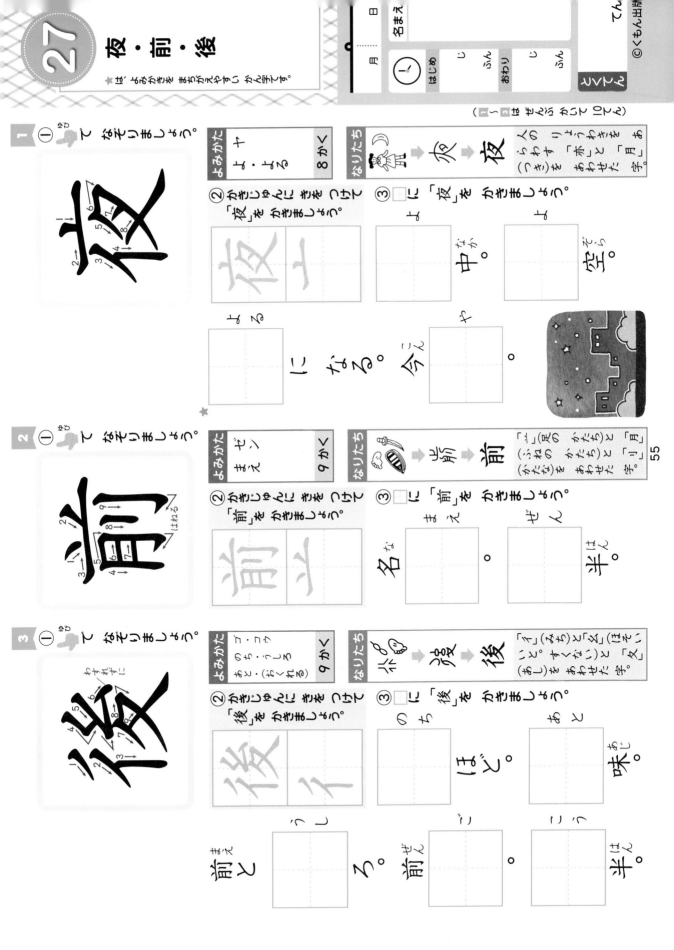

27　夜・前・後

★は、もうかきを まちがえやすい かん字です。

（□１つ□は せんぶ かいて □つく）

1

① ゆびで なぞりましょう。

よみかた　ヤ　よ・よる　8かく

なりたち　人の からだを あらわす「亦」と「月（つき）」を あわせた字。

② かきじゅんに きを つけて「夜」を かきましょう。

③ □に「夜」を かきましょう。

よ　よ中。　よ空。　よるに なる。　今や。

2

① ゆびで なぞりましょう。

よみかた　ゼン　まえ　9かく

なりたち「ソ（足の かたち）」と「月（ふねの かたち）」と「リ（はもの かたち）」を あわせた字。

② かきじゅんに きを つけて「前」を かきましょう。

③ □に「前」を かきましょう。

まえ　名まえ。　ぜん　ぜん半。

3

① ゆびで なぞりましょう。

よみかた　ゴ・コウ　のち・うしろ　あと・（おくれる）　9かく

なりたち「イ（みち）」と「糸（はさ）」と「文（あし）」を あわせた字。

② かきじゅんに きを つけて「後」を かきましょう。

③ □に「後」を かきましょう。

のち　のちほど。　あと　あじ。　ご　ごぜん。　こう　こう半。

前と後ろ。

① 夜中の 二時じ。（　　　）

② 夜中に（　　　）なる。

③ 今夜の 天気。（　　　）

④ 後は（　　　）晴れ。

⑤ 後から 来る。（　　　）

⑥ 前と 後ろ。（　　　）

⑦ 前後を 見る。（　　　）

⑧ 週の 後半。（　　　）

① ［ほ］どう で はなしを する。

② ［おと］で はなしを する。

③ 月が きれいな ［よる］。

④ 車の ［ぜん］しん。

⑤ ［よ］なか に おきる。

⑥ し［あ］の ［こう］はん。

⑦ ［まえ］と（う）しろ。

⑧ ［こん］や は むし に。

56

月　日

名まえ

てん

© くもん出版

とくてん

はじめ　じ　ふん　おわり　じ　ふん

（1〜4はぜんぶできて 20てん）

1

① ゆびでなぞりましょう。

よみかた　シュン／はる　9かく

なりたち

くさ木が出るようすをあらわした字。　⇒　春

② かきじゅんにきをつけて「春」をかきましょう。

③ □に「春」をかきましょう。

はる

しゅん分の日。

（しゅん分の日　がつ日ごろ　いちねんで ひるとよるの ながさが おなじに なる 三月二十一日ごろ。）

2

① ゆびでなぞりましょう。

よみかた　カ・（ゲ）／なつ　10かく

なりたち

おおきくおどっている人をえがいた字。　⇒　夏

② かきじゅんにきをつけて「夏」をかきましょう。

③ □に「夏」をかきましょう。

なつ

夏やすみ。

57

3

① ゆびでなぞりましょう。

よみかた　シュウ／あき　9かく

なりたち

「禾」（いねの ように みのる）と「火」（ひ）をあわせた字。　⇒　秋

② かきじゅんにきをつけて「秋」をかきましょう。

③ □に「秋」をかきましょう。

あき

しゅう分の日。

（しゅう分の日　がつ日ごろ　いちねんで ひるとよるの ながさが おなじに なる 九月二十三日ごろ。）

4

① ゆびでなぞりましょう。

よみかた　トウ／ふゆ　5かく

なりたち

「夂」（たべものを 下げた ようす）と「冫」（こおり）をあわせた字。　⇒　冬

② かきじゅんにきをつけて「冬」をかきましょう。

③ □に「冬」をかきましょう。

ふゆ

とう みん。

（とうみん　へびや かえるなどが 土の 中や 水の 中で ねむったように して ふゆを こすこと。）

5 ──の かん字の よみがなを かきましょう。(1もん 5てん)

① 春風が（　　）く。

② 春分の日。（　　）

③ 夏休みに（　　）なる。

④ しょ夏の日。（　　）

⑤ 秋晴れの日。（　　）

⑥ 秋分の日。（　　）

⑦ 冬休みに（　　）なる。

⑧ 冬みんする。（　　）

6 □に かん字を かきましょう。(1もん 5てん)

① しょ□の気もち。

② あたたかな□かえると。

③ さわやかな□晴れ。

④ □□の日の天気。

⑤ 休みに□より行く。

⑥ 休みの□ゆくだい。

⑦ あたたかい□風。

⑧ □□の日の朝さ。

合・会・行

★は、よみかたを まちがえやすい かん字です。

名まえ

月　日

とくてん

© くもん出版

はじめ　じ　ふん　おわり　じ　ふん

（□〜□は せんぶ かいて 20てん）

1

① ゆびで なぞりましょう。

つける

よみかた
ゴウ・ガッ・カッ
あう・あわす
あわせる
6かく

なりたち
⚬⚬ ➡ 合 ➡ 合

おわんと ふたが ぴったり あわさった ところを あらわした字。

② かきじゅんに 気を つけて 「合」を かきましょう。

③ □に 「合」を かきましょう。

あ
合う。

答えが 合う。

じごう
合計。

がっ
合作。

（「ガッ」「カッ」と よむ ときは 小さく かきます。）

2

① ゆびで なぞりましょう。

かぎ

よみかた
カイ・エ
あう
6かく

なりたち
⚬ + ⚬ ➡ 会

もとの字は「會」。もとは人があつまる ところを あらわし、「会」と「合」の いみを かさねた字です。

② かきじゅんに 気を つけて 「会」を かきましょう。

③ □に 「会」を かきましょう。

あ
会う。

かい
会話。

★

59

3

① ゆびで なぞりましょう。

はねる

よみかた
コウ・ギョウ
（アン）
いく・ゆく
おこなう
6かく

なりたち
⚬⚬ ➡ ⚬⚬ ➡ 行

十字ろの かたちを えがいた字。

② かきじゅんに 気を つけて 「行」を かきましょう。

③ □に 「行」を かきましょう。

い
行く。

ゆ
行く手。

あさ　おこな
朝、行う。

こう
行事。

ぎょう
行事。

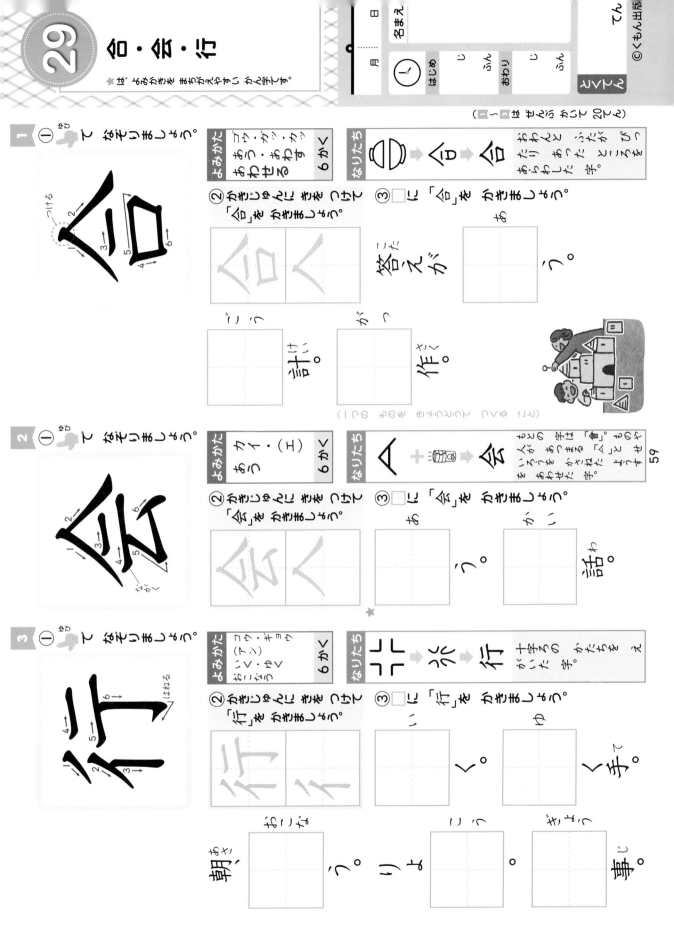

4 ──の かん字の よみがなを かきましょう。(1もん 5てん)

⑧ 春の行事。
（　　　）

⑦ 店に行く。
（　　　）

⑥ 二人の会話。
（　　　）

⑤ お祭りで会う。
（　　　）

④ お祭りを行う。
（　　　）

③ 合う。
（　　　）

② 合作した絵。
（　　　）

① 合計が合う。
（　　　）（　　　）

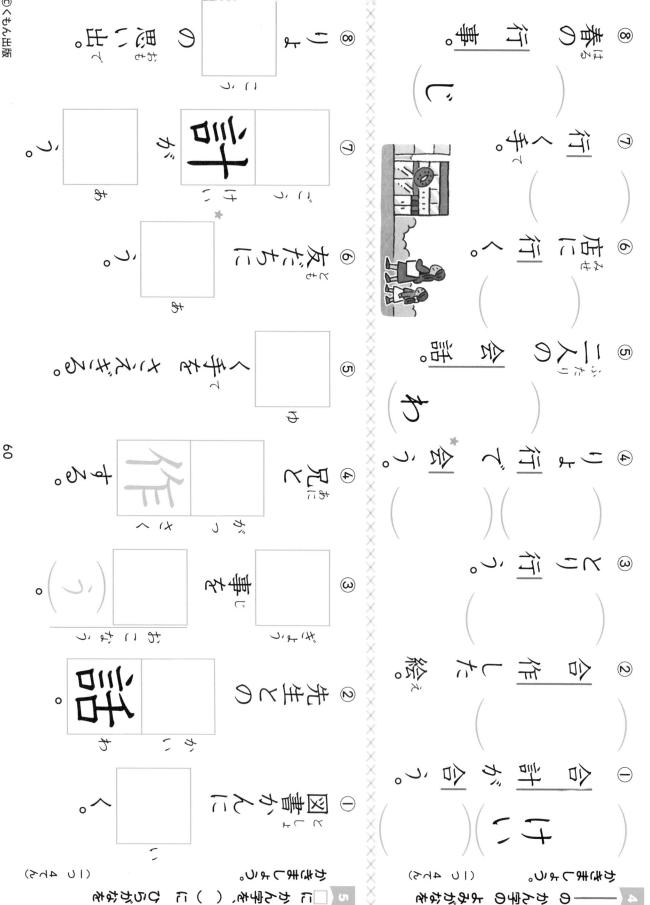

5 □に かん字を、（ ）に ひらがなを かきましょう。(1もん 5てん)

① 図書かんに □く。

② 先生との お話。
（　　　）

③ 兄と □事を する。

④ □を作る。
（　　　）

⑤ 手を □う。

⑥ 友だちに □う。

⑦ 計□が □い。
大きさを □る。

⑧ □の思い出。
□う。

30 かくにんドリル⑤

★は、よみがなを まちがえやすい かん字です。

名まえ

月　日

てん

はじめ　じ　ふん
おわり　じ　ふん

レベル2

©くもん出版

1 ——の かん字の よみがなを かきましょう。　(1つ 4てん)

① 前に すすむ。　（　　）

② あたたかい 春風。　（　　）

③ 秋晴れの 一日。　（　　）

④ りょ行の 計画。　（　　）

⑤ 今夜は 雨だ。　（　　）

⑥ 絵を 合作する。　（　　）

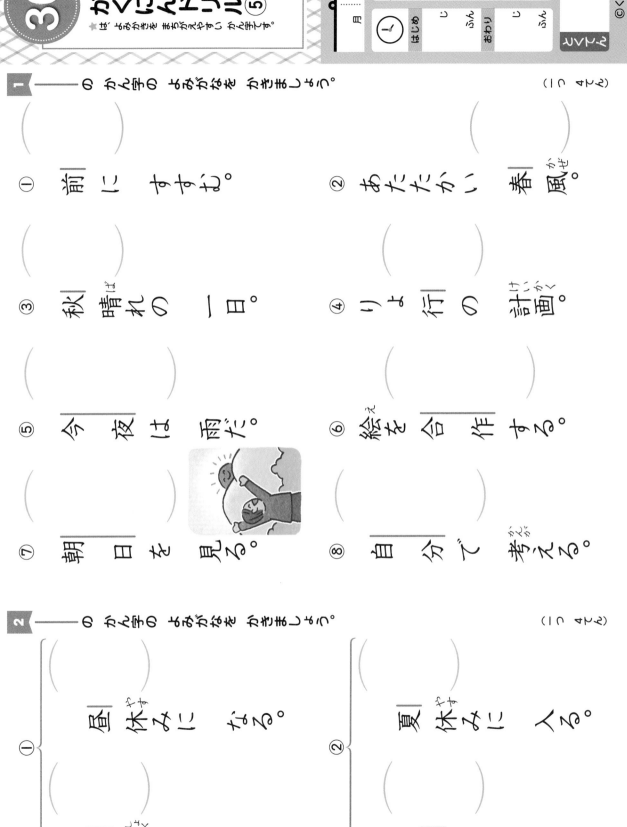

⑦ 朝日を 見る。　（　　）

⑧ 自分で 考える。　（　　）

2 ——の かん字の よみがなを かきましょう。　(1つ 4てん)

①
　昼休みに なる。　（　　）
　昼食を とる。　（　　）

②
　夏休みに 入る。　（　　）
　夏の 天気。　（　　）

61

3 □に　かん字を　かきましょう。（一つ　4てん）

① 答（こた）えが　□（あ）う。

② 友（とも）だちに　★□（あ）う。

③ プールに　□（い）く。

④ ★□（よる）、ふろに　入る。

⑤ □（いま）は　九時（くじ）だ。

⑥ □（とう）みんから　さめる。

⑦ 週（しゅう）の　□□（こう★はん）。

⑧ □□（ごぜん）の　天気。

4 ――の　ことばを　かん字と　ひらがなで　かきましょう。（一つ　5てん）

① チームを　わける。（下線：わける）

□

② れつの　うしろ。（下線：うしろ）

□

③ みずから　学ぶ。（下線：みずから）

□

④ げきを　おこなう。（下線：おこなう）

□

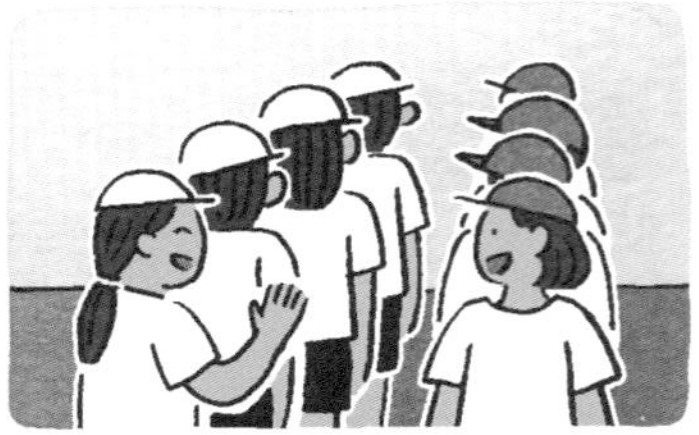

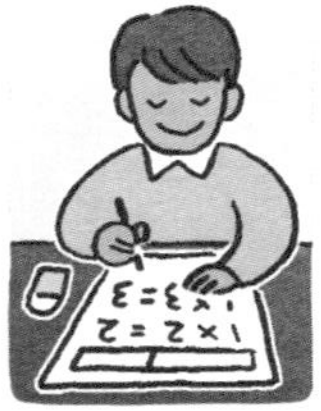

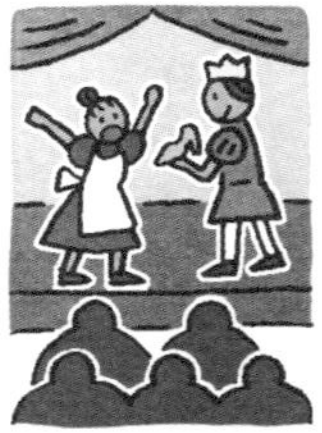

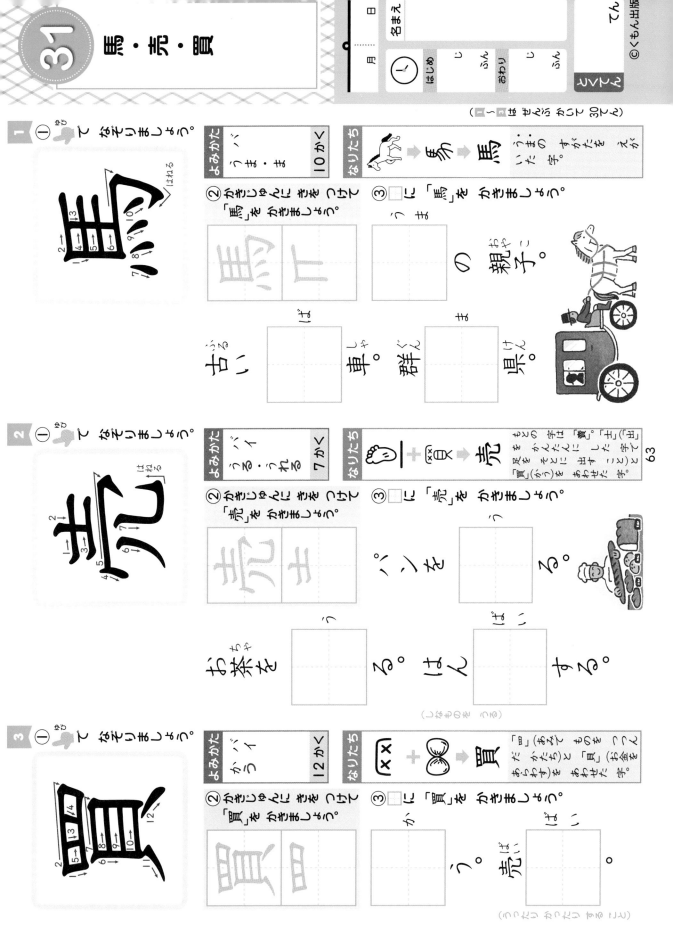

©くもん出版

1
① 🖐 で なぞりましょう。

よみかた
バ
うま・ま
10かく

なりたち
うまの すがたを かえた 字。

② かきじゅんに きを つけて「馬」を かきましょう。

③ □に「馬」を かきましょう。

うま の 親子。

ふるい　　ば車。
ぐん群　　ま県。

2
① 🖐 で なぞりましょう。

よみかた
バイ
うる・うれる
7かく

なりたち
⼠（出）＋ 買 ➡ 売
もとの字は「賣」。「⼠」（「出」の足をもとに出すこと）と「買」（かう）をあわせた字。

63

② かきじゅんに きを つけて「売」を かきましょう。

③ □に「売」を かきましょう。

パンを　　　　る。

お茶を　　　　る。　　ばい ばい　　する。

（こくご 7 ①）

3
① 🖐 で なぞりましょう。

よみかた
バイ
かう
12かく

なりたち
网 ＋ 貝 ➡ 買
「网」（あみでものをつつむかたち）と「貝」（お金をあらわす）をあわせた字。

② かきじゅんに きを つけて「買」を かきましょう。

③ □に「買」を かきましょう。

か　　う。
売ばい　　　。

（こくご 7 ①）

4 ──の かん字の よみがなを かきましょう。 (1てん 5つ)

⑦ 土地の売買。
（　　　　　）

⑥ パンを買う。
（　　　　　）

⑤ 自どうはん売き。
（　　　　　）

④ 花を売る。
（　　　　　）

③ 群馬県の地図。
（　　　　　）

② 馬車にのる。
（　　　　　）

① 馬が走る。
（　　　　　）

5 □に かん字を かきましょう。 (1てん 5つ)

⑦ 肉を□（はば）にする。

⑥ 群□（ま）県にある山。

⑤ むかしの□車（はし）。

④ はしの□□の（ばし・はし）。

③ うまが草を食（た）べる。□（うま）

② こどものかを□（か）。

① よいてんきを□（う）る。

64

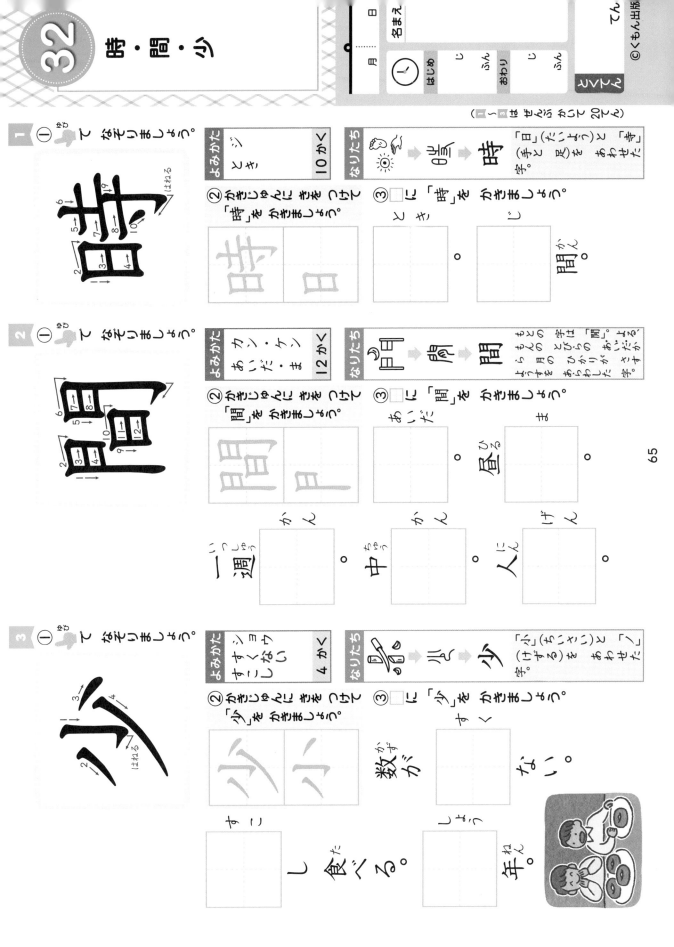

32 時・間・分

（1〜3は ぜんぶ かいて 20てん）

1 ① ゆびで なぞりましょう。

よみかた：ジ／とき　10かく

なりたち：「日」（たいよう）と「寺」（手と足）を あわせた 字。

② かきじゅんに きを つけて 「時」を かきましょう。

③ □に「時」を かきましょう。

とき　　じ　　間かん

2 ① ゆびで なぞりましょう。

よみかた：カン・ケン／あいだ・ま　12かく

なりたち：もともとの 字は「閒」。もともとの とびらの ひらきから 月の あかりが あらわれた 字。

② かきじゅんに きを つけて 「間」を かきましょう。

③ □に「間」を かきましょう。

あいだ　　ま
昼ひる

いっしゅう一週□かん　　中ちゅう□かん　　人にん□げん

3 ① ゆびで なぞりましょう。

よみかた：ブン・フン・ブ／わける・わかれる　4かく

なりたち：「八」（わかれる）と「刀」（きる）を あわせた 字。

② かきじゅんに きを つけて 「分」を かきましょう。

③ □に「分」を かきましょう。

数かずが □ない。　すく□ない。

□より 食たべる。　□しょう 年ねん。

5 □に かん字を、（ ）に ひらがなを かきましょう。（１つ５てん）

① 少（し）だけ 食べる。

② 人間の すがた。

③ 小さな 木の 絵。

④ 男子が すく（ない）。

⑤ 木と 木の 間。

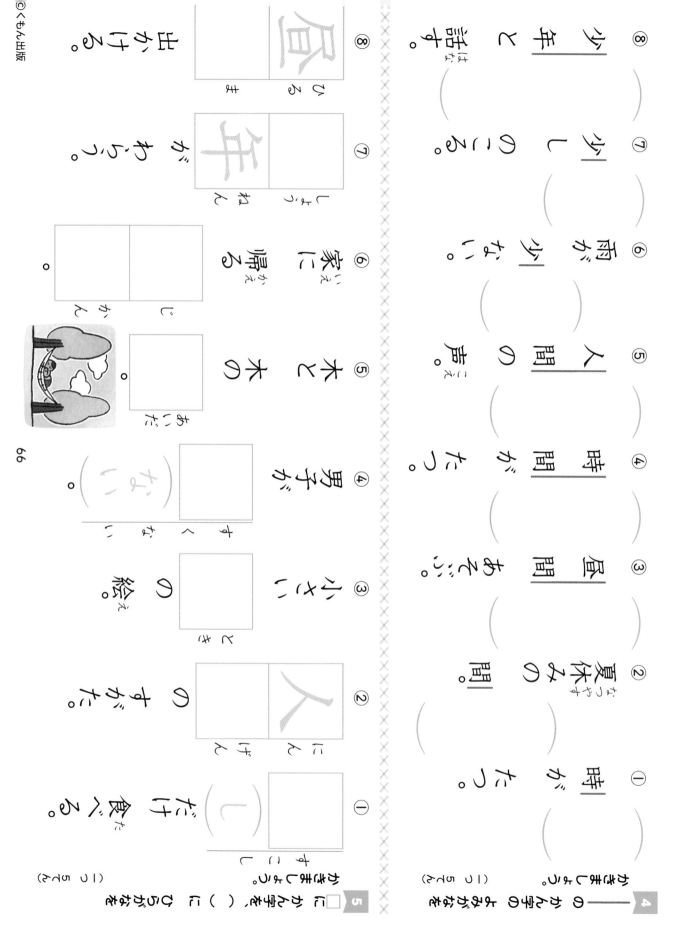

⑥ 家に 帰る 時間。

⑦ 少年が かわる。

⑧ 昼間 出かける。

4 ——の かん字の よみがなを かきましょう。（１つ５てん）

① 時間が たった。（　）

② 夏休みの 間。（　）

③ 昼間を あそぶ。（　）

④ 時間が たった。（　）

⑤ 人間の 声。（　）

⑥ 雨が 少ない。（　）

⑦ 少しの こと。（　）

⑧ 少年と 話す。（　）

66

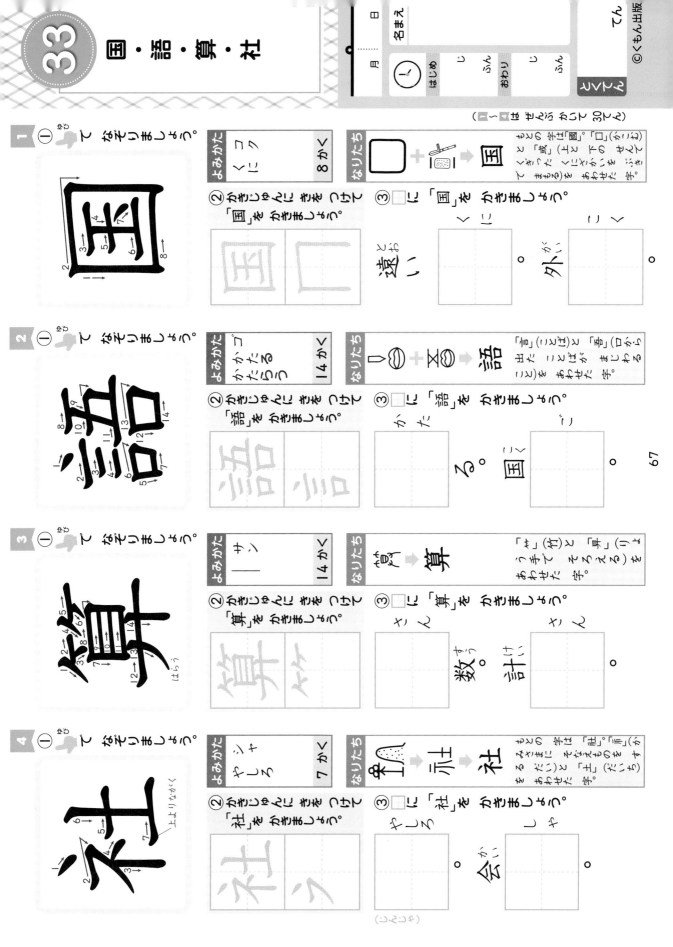

©くもん出版

月　日
名まえ

はじめ　おわり
とくてん
てん

（□〜□は せんぶ かいて 30てん）

1

① ゆびで なぞりましょう。

よみかた　コク　くに　8かく

なりたち
もとの 字は「國」。「囗」（かこむ）と「或」（上と下の せんとぼうた くにざかいを ふるって まもる）を あわせた 字。

② かきじゅんに きを つけて 「国」を かきましょう。

③ □に 「国」を かきましょう。

遠い　　　。　　　外が　　　。

2

① ゆびで なぞりましょう。

よみかた　ゴ　かたる　かたらう　14かく

なりたち
「言」（いえば）と「吾」（口から 出た こえが まわる いえ）を あわせた 字。

② かきじゅんに きを つけて 「語」を かきましょう。

③ □に 「語」を かきましょう。

かた　　る。　　　国こく　　　。

3

① ゆびで なぞりましょう。

よみかた　サン　14かく

なりたち
算

「竹」（竹）と「算」（□よう て かぞえる）を あわせた 字。

② かきじゅんに きを つけて 「算」を かきましょう。

③ □に 「算」を かきましょう。

数すう　　。　計けい　　　。

4

① ゆびで なぞりましょう。

よみかた　シャ　やしろ　7かく

なりたち
社

もとの 字は「社」。「示」（かみさまに そなえものを する だい）と「土」（だいちを たもつ）を あわせた 字。

② かきじゅんに きを つけて 「社」を かきましょう。

③ □に 「社」を かきましょう。

やしろ　　。　　　会かい　　　。

（うらへ）

68

5 つぎの——の かん字の よみがなを かきましょう。(1もん 5てん)

① となりの 国。
（　　　）

② 外国の お金。
（　　　）

③ 母が 語る。
（　　　）

④ 国語の 時間。
（　　　）

⑤ 算数の 時間。
（　　　）

⑥ 社を たてる。
（　　　）

⑦ 父の 会社。
（　　　）

6 つぎの □に かん字を、（ ）に おくりがなを かきましょう。(1もん 5てん)

① りっぱな □。

② □の 名前を 数える。

③ 数□の 教科書。

④ 友だちと □（　る）。

⑤ 大きな □し。

⑥ 外□の 切手。

⑦ □□の ノート。

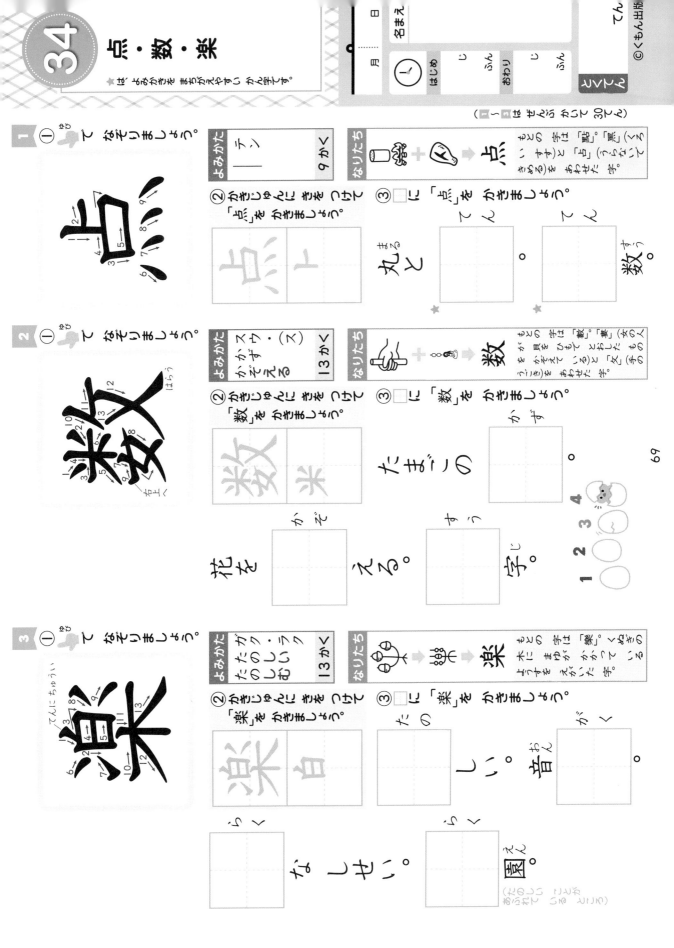

★は　よみかたを　まちがえやすい　かん字です。

名まえ

とくてん

（□～□は　ぜんぶ　かいて　30てん）

1
① ゆびで なぞりましょう。

よみかた　テン　──

9かく

なりたち　もとの字は「點」。「黑」（くろいすす）と「占」（うらなって きめる）を あわせた字。

② かきじゅんに 気を つけて 「点」を かきましょう。

③ □に「点」を かきましょう。

丸と〔てん〕。

〔てん〕数。

2
① ゆびで なぞりましょう。

（はらう）

よみかた　スウ・（ス）　かず・かぞえる

13かく

なりたち　もとの字は「數」。「婁」（女らんを かさねて とおした もの）と「攴」（手を うごかす）を あわせた字。

② かきじゅんに 気を つけて 「数」を かきましょう。

③ □に「数」を かきましょう。

〔かず〕だまりの。

花を〔かぞ〕える。

〔すう〕字。

3
① ゆびで なぞりましょう。

てんにちゅうい

よみかた　ガク・ラク　たのしい・たのしむ

13かく

なりたち　もとの字は「樂」。どんぐりを 木に まとゆがつて いる ようすを えがいた字。

② かきじゅんに 気を つけて 「楽」を かきましょう。

③ □に「楽」を かきましょう。

〔たの〕しい。

音〔がく〕。

〔らく〕な しせい。

〔らく〕園。

69

70

4 ──の かん字の よみがなを かきましょう。

⑦ 地上（ちじょう）の 楽園。
（　　　　）

⑥ 音楽を きく。
（　　　　）

⑤ 楽しく あそぶ。
（　　　　）

④ 数字を 言う。
（　　　　）

③ 年を 数える。
（　　　　）

② にんずうの 数。
（　　　　）

① よい 点数。
（　　　　）

5 □に かん字を、（ ）に ひらがなを かきましょう。

⑦ 字を 書く。

⑥ 時間を はかる。

⑤ 車を （とめる）。

④ 公園に いく。

③ テストの 点数。

② （　こ　）ただしい ゲーム。

① 数が 足りない。

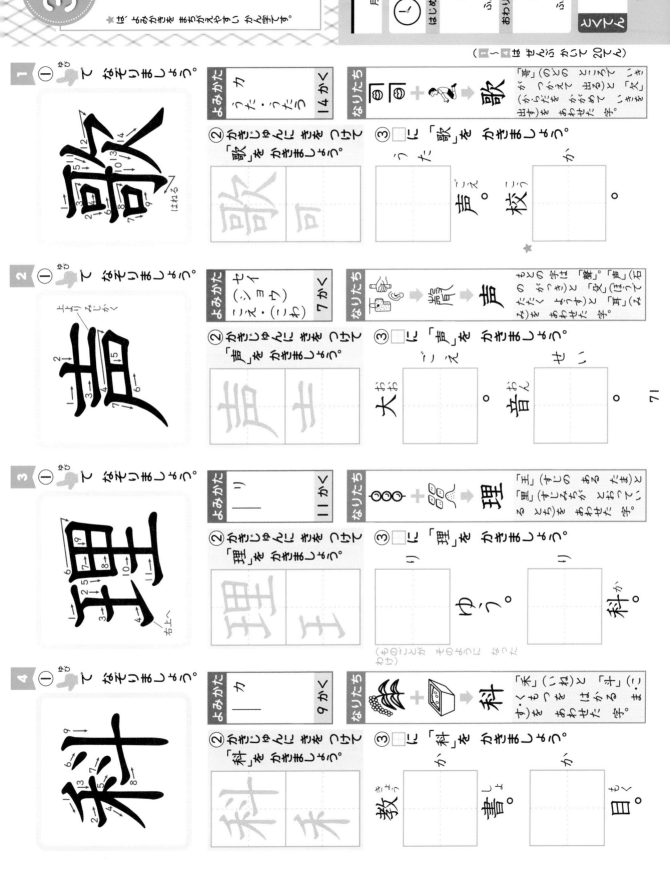

★は、よみかたを まちがえやすい かん字です。

名まえ

月　日

© くもん出版

とくてん

てん

（□～□は せんぶ かいて 20てん）

71

5 ——の かん字の よみがなを かきましょう。(1つ 5てん)

① 歌を 歌う。（　）（　）

② 校歌を うたう。（　）

③ きれいな 歌声。（　）

④ テレビの 音声。（　）

⑤ 理ゆうを 話す。（　）

⑥ 理科の 本。（　）

⑦ 教科しょの 本。（　）

6 □に かん字を、（　）に ひらがなを かきましょう。(1つ 5てん)

① ［こえ］が 聞こえる。

② 学校の ［きょうしつ］。

③ ［うた］を うたう（　）。

④ ちへいせんの ［ひ］の ゆう。

⑤ ［こう□］を うたう。

⑥ ［きょうかしょ］。

⑦ テレビの ［おんせい］。

36 かくにんドリル⑥

★は、よみがなを まちがえやすい かん字です。

名まえ

月　日

はじめ
じ　ふん

おわり
じ　ふん

とくてん

てん

©くもん出版

1 ——の かん字の よみがなを かきましょう。 (1つ 4てん)

① 理ゆうを 言う。（　　）（　　）

② 学校に いる 間。（　　）（　　）

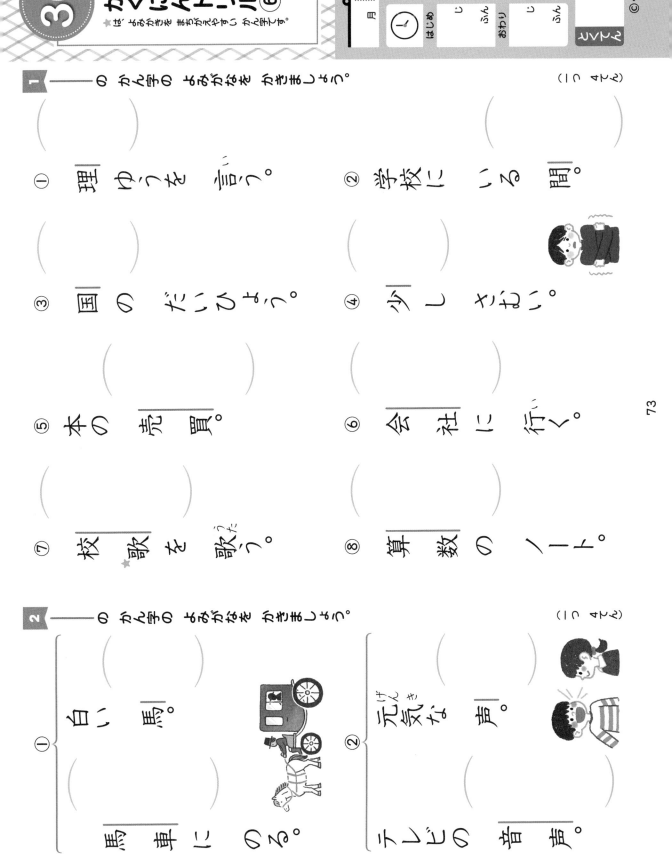

③ 国の だいひょう。（　　）

④ 少し すくない。（　　）

⑤ 本の 売買。（　　）

⑥ 会社に 行く。（　　）

⑦ 校歌を 歌う。（　　）

⑧ 算数の ノート。（　　）

2 ——の かん字の よみがなを かきましょう。 (1つ 4てん)

①
白い 馬。（　　）

馬車に のる。（　　）

②
元気な 声。（　　）

テレビの 音声。（　　）

73

4 ——の かん字を ひらがなで かきましょう。(1つ5てん)

④ いすを 数える。

③ わたしの 思い出して。

② すくない お金。

① 父と たたかう。

74

3 □に かん字を かきましょう。(1つ4てん)

① □（うた）を 教（おそ）わる。

② おかし を □（か）う。

③ 教（きょう）□（か）書を 見る。

④ □□（へいこう）の ノート。

⑤ 長（なが）い □□（じかん）。

⑥ □□（てんすう）が 高（たか）い。

⑦ □□（おんがく）会。

⑧ □（きしゃ）が 走（はし）る。

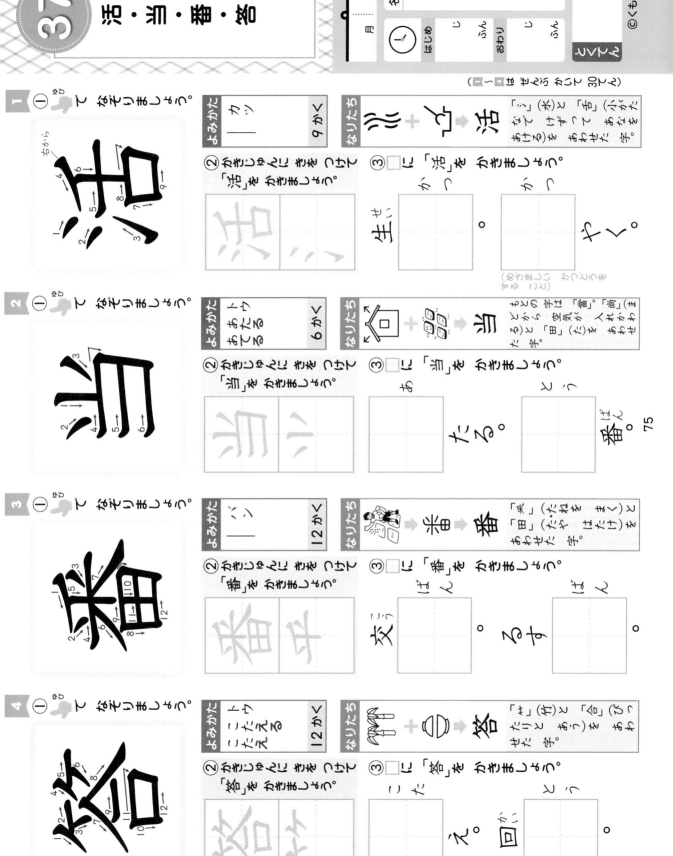

76

① 楽しい 生活。
（　　　）

② 活やくする。
（　　　）

③ まとに 当たる。
（　　　）

④ 今日の 当番。
（　　　）

⑤ 文番で 聞く。
（　　　）

⑥ 答えを 言う。
（　　　）

⑦ 回答する。
（　　　）

① おしごとを 　□かつ　 する。

② アンケートの 　□かいとう　。

③ なまえの 　□こうばん　。

④ クイズの 　□こたえ　（ え ）。

⑤ 学校の 　□せんせい　。

⑥ へ　□あたる　（ た る ）に。

⑦ そう　□とうばん　じ。

38 用・考・止・長

名まえ

月　日

てん

レベル2

（□～□は ぜんぶ かいて 20てん）

1

① ゆびで なぞりましょう。

はねる
つき出す
つき出す

よみかた
ヨウ
もちいる
5かく

なりたち
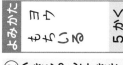 → 用 → 用

いたに いたを あなを あけて、いたを ほうを とおす ようすを えがいた 字。

② かきじゅんに 気を つけて 「用」を かきましょう。

③ □に 「用」を かきましょう。

もちいる。

よう意。

2

① ゆびで なぞりましょう。

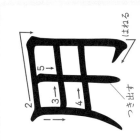

よみかた
コウ
かんがえる
6かく

なりたち
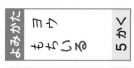 → 考 → 考

「耂」（「し」の まがった としより）と 「丂」（まがる）を あわせた 字。

② かきじゅんに 気を つけて 「考」を かきましょう。

③ □に 「考」を かきましょう。

かんがえる。

さん考。

（かんがえる ときに だいじに する こと）

3

① ゆびで なぞりましょう。

出さない

よみかた
シ
とまる
とめる
4かく

なりたち
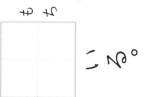 → 止 → 止

かたほうの 足の かたちを えがいた 字。

② かきじゅんに 気を つけて 「止」を かきましょう。

③ □に 「止」を かきましょう。

とまる。

中止。

4

① ゆびで なぞりましょう。

よみかた
チョウ
ながい
8かく

なりたち
 → 長 → 長

ながい かみの けを なびかせた 字。

② かきじゅんに 気を つけて 「長」を かきましょう。

③ □に 「長」を かきましょう。

ながい。

社ちょう。

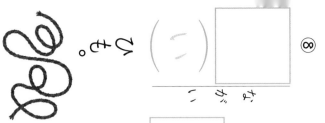

5 ——の かん字の よみがなを かきましょう。（1つ5てん）

① へやを 用いる。（　　　）

② 遠足（えんそく）の 用意（　　　）

③ 長い ロープ。（　　　）

④ 答（こた）えを 考える。（　　　）

⑤ 参考に 答える。（　　　）

⑥ 時計（とけい）が 止まる。（　　　）

⑦ 中止する。（　　　）

⑧ 社長の 話（はなし）。（　　　）

6 □に かん字を、（　）に ひらがなを かきましょう。（1つ5てん）

① 表　書を 見る。

② 会社（かいしゃ）の 　社。

③ バスが 　とまる。

④ 道具（どうぐ）を 　（もちいる）。

⑤ 大会（たいかい）を 　中　する。

⑥ 朝食（ちょうしょく）の 　意。

⑦ と　へ 　（かんがえる）。

⑧ 　（ながい）も ひも。

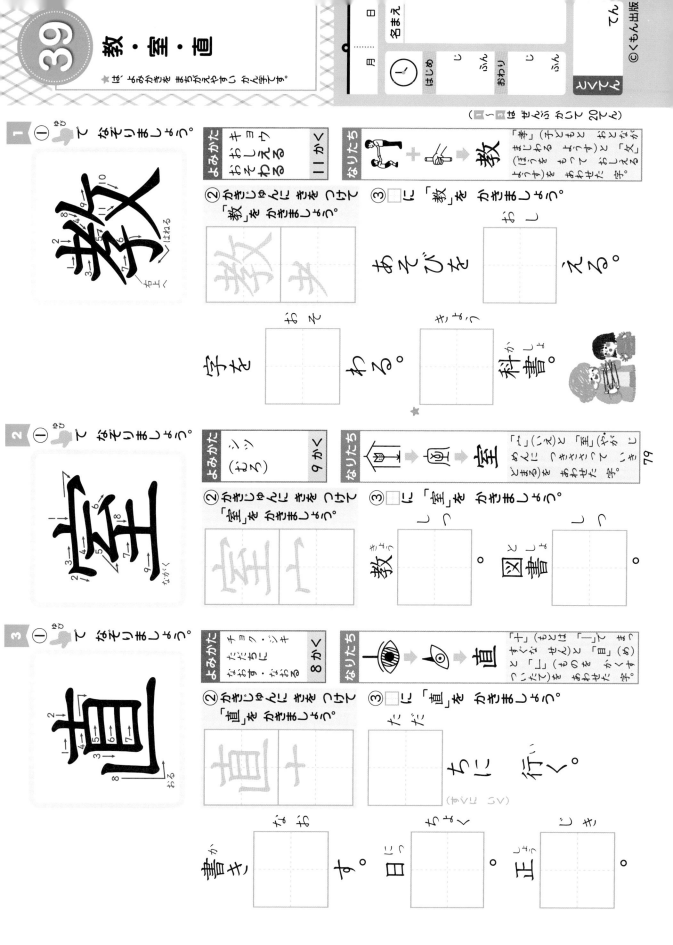

名まえ

©くもん出版

てん

（□〜□は ぜんぶ かいて 20てん）

1
①ゆびで なぞりましょう。

よみかた
キョウ
おしえる
おそわる

一一かく

なりたち

「孝」（子どもが おとなに まじわる ようす）と「攵（のぶん）」（ぼうを もって おしえる ようす）を あわせた 字。

②かきじゅんに きを つけて「教」を かきましょう。

③□に「教」を かきましょう。

おし
あそびを□える。

お
字を□わる。

キョウ
□科書。

2
①ゆびで なぞりましょう。

よみかた
シツ
（むろ）

九かく

なりたち

「宀」（いえ）と「至」（やが じめんに つきささって とまる）を あわせた 字。

②かきじゅんに きを つけて「室」を かきましょう。

③□に「室」を かきましょう。

きょう
教□。

と しょ
図書□。

3
①ゆびで なぞりましょう。

よみかた
チョク・ジキ
ただちに
なおす・なおる

八かく

なりたち

「十」（もとは「─」）と「目」（め）と「∟」（ものを かくす こと）を あわせた 字。

②かきじゅんに きを つけて「直」を かきましょう。

③□に「直」を かきましょう。

ただ
□ちに 行く。
（すぐに）

なお
書き□す。

ちょく
日□。

じき
正□。

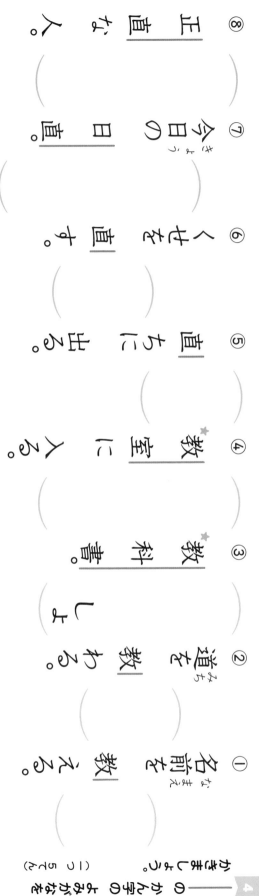

──の かん字の よみがなを かきましょう。 (1つ 5てん)

① 名前を数える。
（　　　　）

② 道を数わる。
（　　　　）

③ 教科書
（　　　　）

④ 教室に入る。
（　　　　）

⑤ 直ちに出る。
（　　　　）

⑥ へやを直す。
（　　　　）

⑦ 今日の日直
（　　　　）

⑧ 正直な人。
（　　　　）

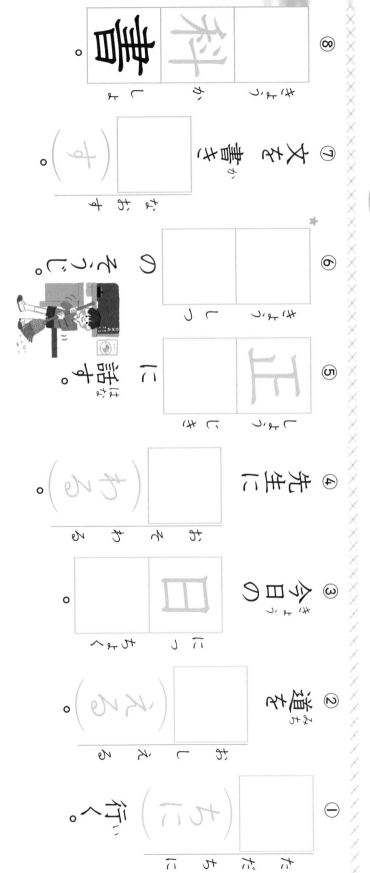

□に かん字を、（ ）に おくりがなを かきましょう。 (1つ 5てん)

① □に行く。
（　に　）

② 道を□える。
（　える　）

③ 今日の日□

④ 先生に□わる。
（　わる　）

⑤ □□に

⑥ □□の

⑦ 文を書□す。
（　す　）

⑧ □書

80

© くもん出版

（■〜■は せんぶ かいて 30てん）

1

①ゆびで なぞりましょう。

よみかた
セン

15かく

なりたち
「糸」（ほそい いと）と「泉」（水が ほそく ながれ出る ようす）を あわせた 字。

②かきじゅんに きを つけて「線」を かきましょう。

③□に「線」を かきましょう。

直線。

点線。

2

①ゆびで なぞりましょう。

よみかた
ケイ
はかる
はからう

9かく

なりたち
「言」（いう）と「十」（ひとつに まとめる）を あわせた 字。

②かきじゅんに きを つけて「計」を かきましょう。

③□に「計」を かきましょう。

はかる。

けい算。

3

①ゆびで なぞりましょう。

よみかた
キ
しるす

10かく

なりたち
「言」（いう）と「己」（おきがる かたち・めだつ しるし）を あわせた 字。

②かきじゅんに きを つけて「記」を かきましょう。

③□に「記」を かきましょう。

しるす。

日記。

4

①ゆびで なぞりましょう。

よみかた
マイ

6かく

なりたち
もとの 字は「毎」。あたまに かざりを つけた おかあさんの ようすを えがいた 字。

②かきじゅんに きを つけて「毎」を かきましょう。

③□に「毎」を かきましょう。

毎日。

毎朝。

81

5 ——の かん字の よみがなを
かきましょう。（1つ5てん）

① 毎<ruby>日<rt>にち</rt></ruby> の 生<ruby>活<rt>かつ</rt></ruby>。
（　　　　）

② 黒<ruby>る<rt>く</rt></ruby>い 線。
点<ruby>線<rt>せん</rt></ruby>。
（　　　　）

③ タイムを 計る。
（　　　　）

④ 計<ruby>算<rt>さん</rt></ruby>する。
（　　　　）

⑤ メモに 記す。
（　　　　）

⑥ 日記 を 読む。
（　　　　）

⑦ 毎日 の 生活。

① 線 を 引く。
（　　　　）

6 □に かん字を、（ ）に ひらがなを
かきましょう。（1つ5てん）

⑦ を ながす。

⑥ が とどく。

⑤ を つける。

④ 白い 。

③ 出かける。

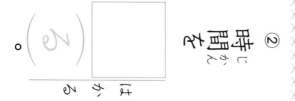

② 時間を 。
（　ろ　）

① 紙に 字を 。
（　す　）

名まえ

とくてん

はじめ	おわり
じ	じ
ふん	ふん

（□１～□３は せんぶ かいて ５０てん）

1 ①ゆびで なぞりましょう。

| よみかた | ゲン・ゴン いう・こと | ７かく |

なりたち

▷ ＋ ◯ → 言

言は 木を さら する ような「口」を あらわせた字。

②かきじゅんに きを つけて「言」を かきましょう。

③□に「言」を かきましょう。

いう

げん

（じぶんの かんがえを いう）

げんご

を 聞く。

（くに たみん つたえた ことばや かき ことば）

2 ①ゆびで なぞりましょう。

| よみかた | ドク・トク よむ | １４かく |

なりたち

▷ ＋ ◯ → 読

読は「言」と「賣（バイ・うる）」を あわせた字。

②かきじゅんに きを つけて「読」を かきましょう。

③□に「読」を かきましょう。

新聞を　　　む。

おん　　　どく。

どくしょ　　　を する。

（文を 目で おいながら こえに だして よむ）

83

3 ①ゆびで なぞりましょう。

| よみかた | ショ かく | １０かく |

なりたち

▷ → 書 → 書

「聿（ふで）」と「曰（いう）」を あわせた字。

②かきじゅんに きを つけて「書」を かきましょう。

③□に「書」を かきましょう。

かく。

どくしょ。

84

―の かん字の よみがなを かきましょう。
(1つ5てん)

① ―で 言って 言う。（　）（　）

② はなしを 聞く。（　）

③ でんわを 聞く。（　）

④ メモを して 読む。（　）

⑤ 読点を うつ。（　）

⑥ 手紙を 書く。（　）（　）

⑦ 読書を する。（　）

□に かん字を かきましょう。
(1つ5てん)

① 作文を [　]む。

② 名前を [　]。

③ 元気に は [　]する。

④ [　]の 時間。

⑤ [　]を したえる。

⑥ 文の 中 [泣]

⑦ [　]で [　]う。

★ はじめるまえを まちがえやすい かん字です。

©くもん出版

1 ――の かん字の よみがなを かきましょう。 (1つ 4てん)

① やり方を 数える。
（　　　）

② 友だちの はつ言。
（　　　）

③ 直ちに 出る。
（　　　）

④ 工事を 中止する。
（　　　）

⑤ 毎日 通う。
（　　　）

⑥ 学校での 生活。
（　　　）

⑦ 読書かんそう文。
（　　　）

⑧ 計算が はやい。
（　　　）

2 ――の かん字の よみがなを かきましょう。 (1つ 4てん)

①
絵のぐを 用いる。
（　　　）

夕食を 用意する。
（　　　）

②
なぞなぞの 答え。
（　　　）

しつもんの 回答。
（　　　）

4 ──の ことばを かん字と おくりがなで かきましょう。 (１つ 5てん)

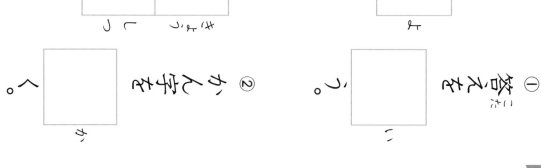

① ながい トンネル。

② ねぶそく を なおす。

③ ドアを あける。

④ ゆうこに つたえる。

3 □に かん字を かきましょう。 (１つ 4てん)

① こたえ を □う。

② □かん字を □く。

③ 本を □む。

④ □□を □止る。

⑤ メモに □す。

⑥ □□を とじる。

⑦ □□を 引く。

⑧ □□を なげる。

43 内・図・地・池

★ は、よみかきを まちがえやすい かん字です。

（ 1 ～ 4 は せんぶ かいて 30てん）

1

① を なぞりましょう。

よみかた	ナイ・（ダイ）うち	4かく

なりたち

「宀」の しるしに かこんだ ところに ものが はいって いく ことを あらわした 字です。

② かきじゅんに 気を つけて「内」を かきましょう。

③ □に「内」を かきましょう。

うち
が
わ。

な
い
校ぶ。

2

① を なぞりましょう。

よみかた	ニク	6かく

なりたち

すじの ある にくの 一きれを えがいた 字です。

② かきじゅんに 気を つけて「肉」を かきましょう。

③ □に「肉」を かきましょう。

ぎゅう
に
く。

に
く
きん。

87

3

① を なぞりましょう。

よみかた	チ・ジ	6かく

なりたち

「土」（つち）と「也」（かよに のびた へび）を あわせた 字です。

② かきじゅんに 気を つけて「地」を かきましょう。

③ □に「地」を かきましょう。

ち
図ず。

じ
め
ん。

★

4

① を なぞりましょう。

よみかた	チ いけ	6かく

なりたち

「氵」（水）と「也」（かよに のびた へび）を あわせた 字です。

② かきじゅんに 気を つけて「池」を かきましょう。

③ □に「池」を かきましょう。

い
け。

でん
ち。

5 —— の かん字の よみがなを かきましょう。(1つ5てん)

① はこの 内がわ。
（　　　　）

② 校内は ひろって。
（　　　　）

③ 牛肉を やへ。
（　　　　）

④ 地図を 見る。
（　　　　）

⑤ 地めんを ほる。
（　　　　）

⑥ 電ち を 池を 買う。
（　　　　）

⑦ 池が あるあさい 家。
（　　　　）

6 □に かん字を かきましょう。(1つ5てん)

①
こう ない を 見回る。

②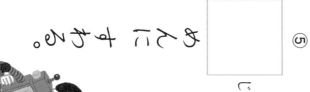
せん の い け で 魚が およぐ へ。

③
線の ち かわ に 入る。

④
でん ち を つかう。

⑤
じ めんに すわる。

⑥
ぎゅう にく を 食べる。

⑦
ち ず を 広げる。

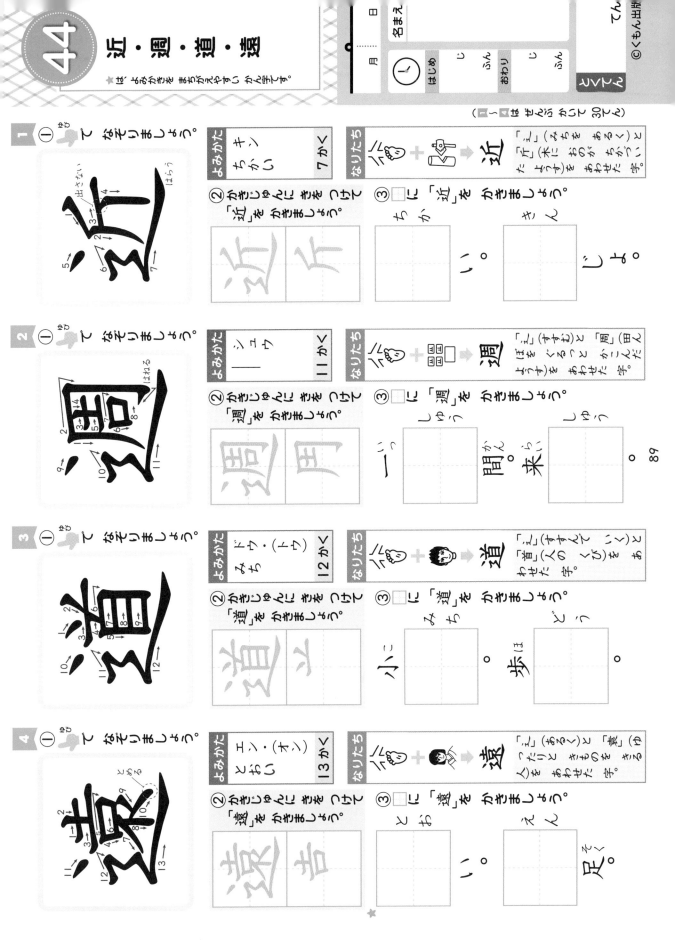

（□1〜□4は せんぶ かいて 30てん）

1 ①ゆびで なぞりましょう。

よみかた
キン
ちかい
7かく

なりたち
近

「辶」（みちを あるく）と 「斤」（木に おのが ちかづいた ようす）を あわせた 字。

②かきじゅんに きを つけて 「近」を かきましょう。

③□に 「近」を かきましょう。

ちか
い。

キン
じょ。

2 ①ゆびで なぞりましょう。

よみかた
シュウ
11かく

なりたち
週

「辶」（すすむ）と 「周」（田んぼを ぐるっと かこんだ ようす）を あわせた 字。

②かきじゅんに きを つけて 「週」を かきましょう。

③□に 「週」を かきましょう。

しゅう
間。

らい
しゅう
来。

3 ①ゆびで なぞりましょう。

よみかた
ドウ・（トウ）
みち
12かく

なりたち
道

「辶」（すすんで いく）と 「首」（人の くび）を あわせた 字。

②かきじゅんに きを つけて 「道」を かきましょう。

③□に 「道」を かきましょう。

みち
を いく。

どう
ほ
歩。

4 ①ゆびで なぞりましょう。

よみかた
エン・（オン）
とおい
13かく

なりたち
遠

「辶」（あるく）と 「袁」（ゆったりと きもの きる 人）を あわせた 字。

②かきじゅんに きを つけて 「遠」を かきましょう。

③□に 「遠」を かきましょう。

とお
い。

えん
そく
足。

——の かん字の よみがなを かきましょう。 (1もん 5てん)

① えきに 近い。
（　　　）

② 家の 近しょ。
（　　　）

③ 来週の 後半。
（　　　）

④ 小道を 歩く。
（　　　）

⑤ 歩道を 通る。
（ほ　）

⑥ 遠い 町へ 行く。
（　　　）

⑦ 楽しい 遠足。
（　　　）

□に かん字を、（　）に かん字と おくりがなを かきましょう。 (1もん 5てん)

① ［しょう］ねんのさか。

② 川までは（とおい）。

③ きれいな［ほどう］。

④ ［えんそく］の用意。

⑤ 大会が（ちかい）。

⑥ ［らいしゅう］は当番だ。

⑦ ［こみち］に入る。

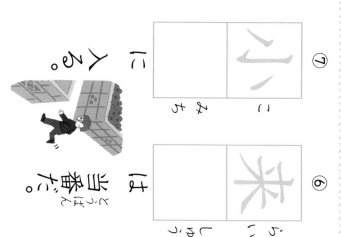

©くもん出版

名まえ

月 日

とくてん

てん

© くもん出版

（1〜4は せんぶ かいて 20てん）

1

① ゆびで なぞりましょう。

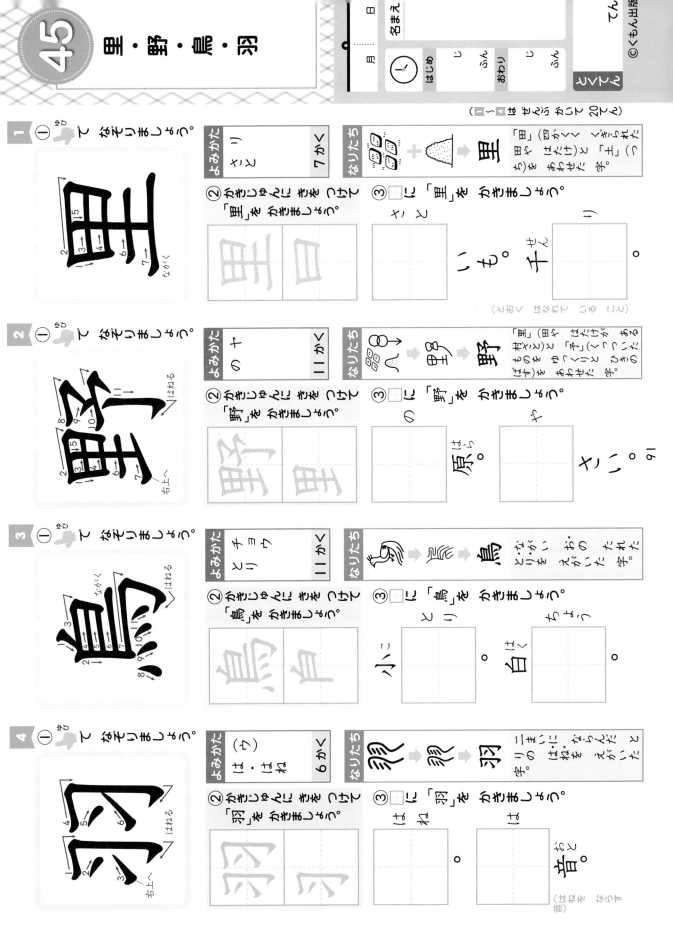

よみかた
リ
さと
7かく
なかく

なりたち
「田」（田から くぎられた 田や はたけ）と「土」（つち）を あわせた 字。

② かきじゅんに きを つけて「里」を かきましょう。

③ □に「里」を かきましょう。

こも。 さと

リ

（やまや せんから とおい リ）

2

① ゆびで なぞりましょう。

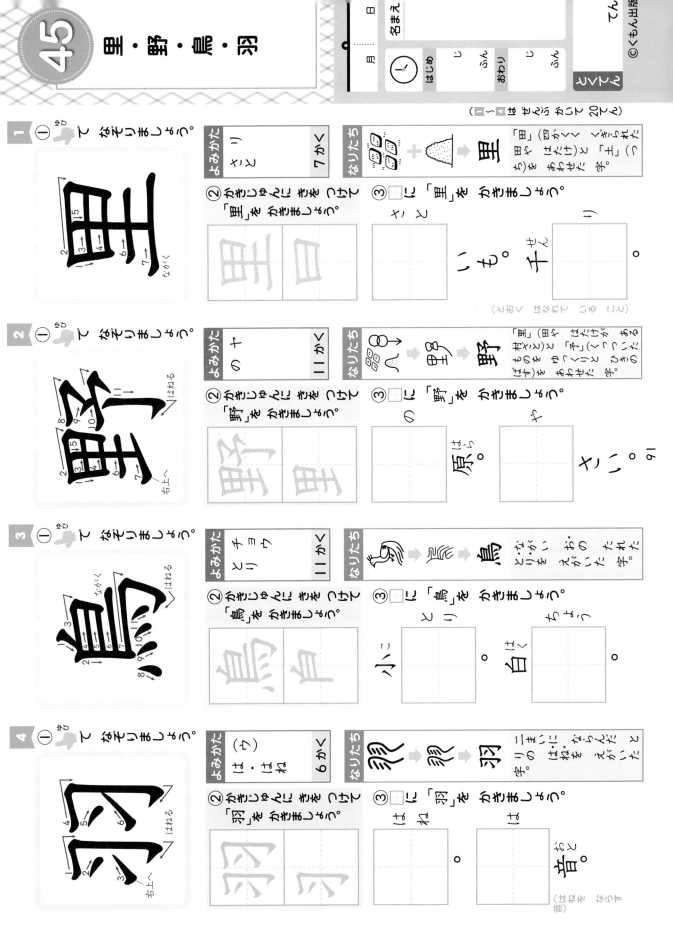

よみかた
ヤ
の
11かく
はねる
右上へ

なりたち
「里」（田や はたけが ある 村など）と「予」（ひろく こびる もの）を あわせた 字。

② かきじゅんに きを つけて「野」を かきましょう。

③ □に「野」を かきましょう。

の
原はら。 ヤ きゅう。

3

① ゆびで なぞりましょう。

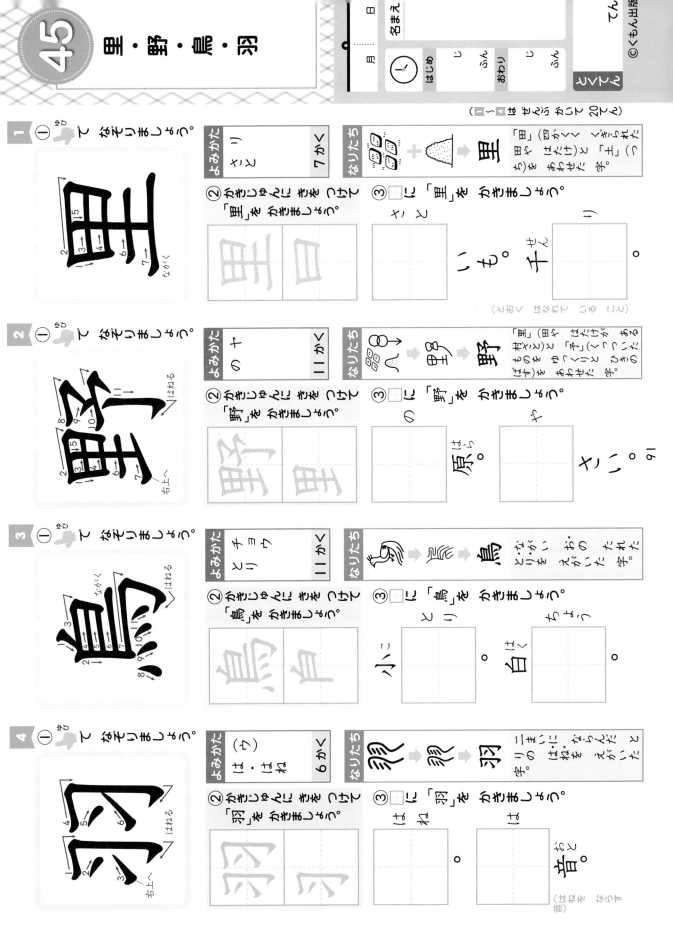

よみかた
チョウ
とり
11かく
なかく
はねる

なりたち
とりを えがいた 字。

② かきじゅんに きを つけて「鳥」を かきましょう。

③ □に「鳥」を かきましょう。

とり
小こ。 ちょう 白はく。

4

① ゆびで なぞりましょう。

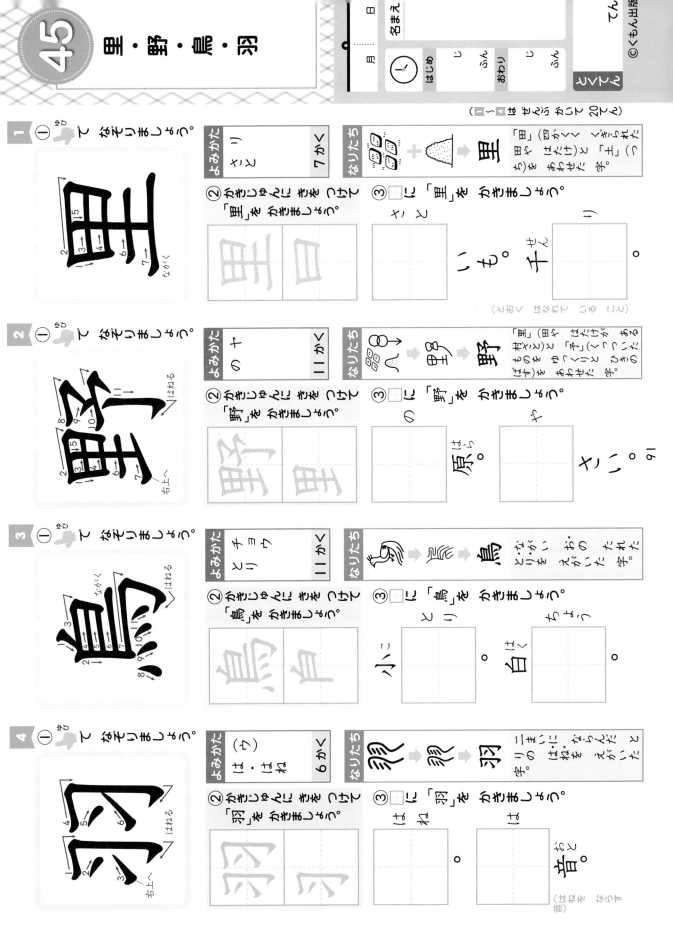

よみかた
（ウ）
は・はね
6かく
はねる
右上へ

なりたち
とりの はねを えがいた 字。

② かきじゅんに きを つけて「羽」を かきましょう。

③ □に「羽」を かきましょう。

はね。 は おと音。

（はねを ならす 音）

5 ――の かん字の よみがなを かきましょう。（１つ５てん）

① 里に すむ。（　　）

② 千里の 道を。（　　）

③ 野原に 行く。（　　）

④ 野さいに スープ。（　　）

⑤ 小鳥を かう。（　　）

⑥ 白鳥の ひな。（　　）

⑦ 羽を ひろう。（　　）

⑧ 羽音を 聞く。（　　）

6 □に かん字を かきましょう。（１つ５てん）

① ［羽］はねを 広げる。

② ［小］ことりの せわ。

③ ［野］やさいの サラダ。

④ ［　］を 食べる。

⑤ ［歯］はおと 虫の音。

⑥ ［千里］せんりの 道を 行く。

⑦ ［原］はらで あそぶ。

⑧ ［白鳥］はくちょうの むれ。

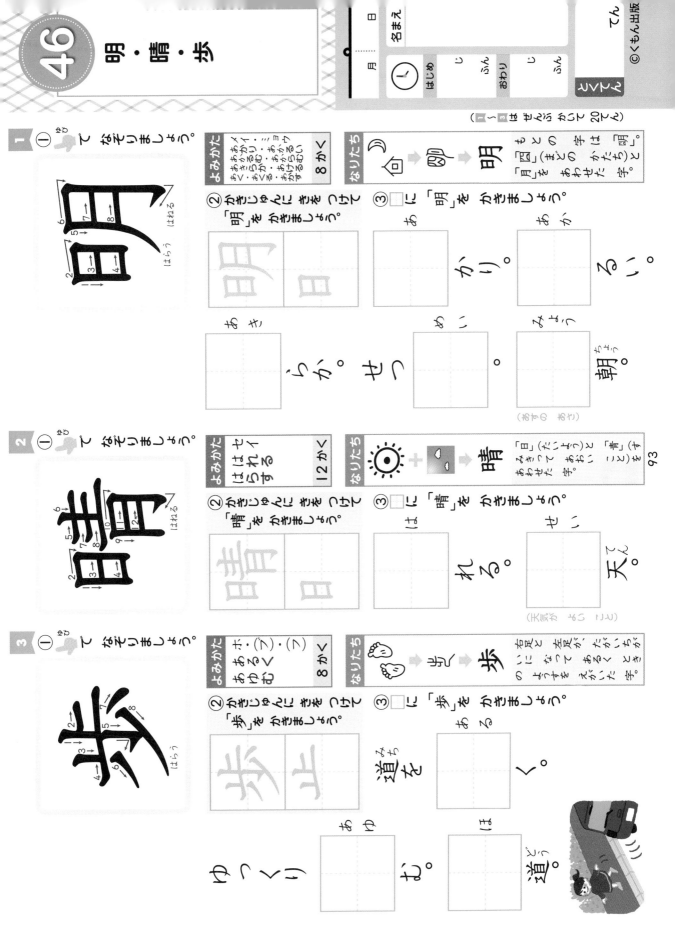

46 明・晴・歩

名まえ

月　日

はじめ　じ　ふん
おわり　じ　ふん

じ　ふん

レベル２

（1〜3はぜんぶかいて20てん）

1　①ゆびでなぞりましょう。

よみかた
メイ・ミョウ
あ・かり・あかるい
あか・るい・あかるむ
あ・く・あ・ける
あ・ける・あかす

8かく

なりたち
⬚ → 朙 → 明

もとの字は「朙」で「囧（まどのかたち）」と「月」をあわせた字。

②かきじゅんに気をつけて「明」をかきましょう。

③□に「明」をかきましょう。

あ□かり。

あか□るい。

あき□らか。

せつ□めい。

みょう□朝。

（あす日　あす日）

2　①ゆびでなぞりましょう。

よみかた
セイ
は・れる
は・らす

12かく

なりたち
☀ + ☁ → 晴

「日（たいよう）」と「青（すみきってあおい）」をあわせた字。

②かきじゅんに気をつけて「晴」をかきましょう。

③□に「晴」をかきましょう。

は□れる。

せい□天。

（天気が　せいてん）

93

3　①ゆびでなぞりましょう。

よみかた
ホ・（ブ）・（フ）
ある・く
あゆ・む

8かく

なりたち
足 → 歩 → 歩

右足と左足がたがいちがいになってあるくときのようすをえがいた字。

②かきじゅんに気をつけて「歩」をかきましょう。

③□に「歩」をかきましょう。

道みちを　ある□く。

あゆ□む。

ほ□道どう。

ゆっくり

4

かん字の──のよみがなを かきましょう。（一つ 4てん）

① 晴れて 明るい。（　　　）（　　　）

② 明らかに する。（　　　）

③ 月の 明かり。（　　　）

④ 明朝の 六時（じ）。（　　　）（　　　）

⑤ 晴天の 一日。（　　　）（　　　）

⑥ 先生の せつ明。（　　　）

⑦ 人生を 歩む。（　　　）

⑧ 歩道（どう）を 歩く。（　　　）（　　　）

5

□に かん字を、（　）に かん字と おくりがなを かきましょう。（一つ 5てん）

① ［　　　］の さく。（あ か り）

② ［　　　］しずかに （あ ゆ む）

③ ［天］に なる。（せ・てん）

④ せつ［　　　］を 聞（き）く。（あ・い）

⑤ ［　　　］れて 道（どう）を （あ か る）

⑥ 道（どう）を ［　　　］れて（ほ）

⑦ （か ら）［　　　］に なる。（あ ら か）

⑧ ［朝］の 天気。（みょう ちょう）

94

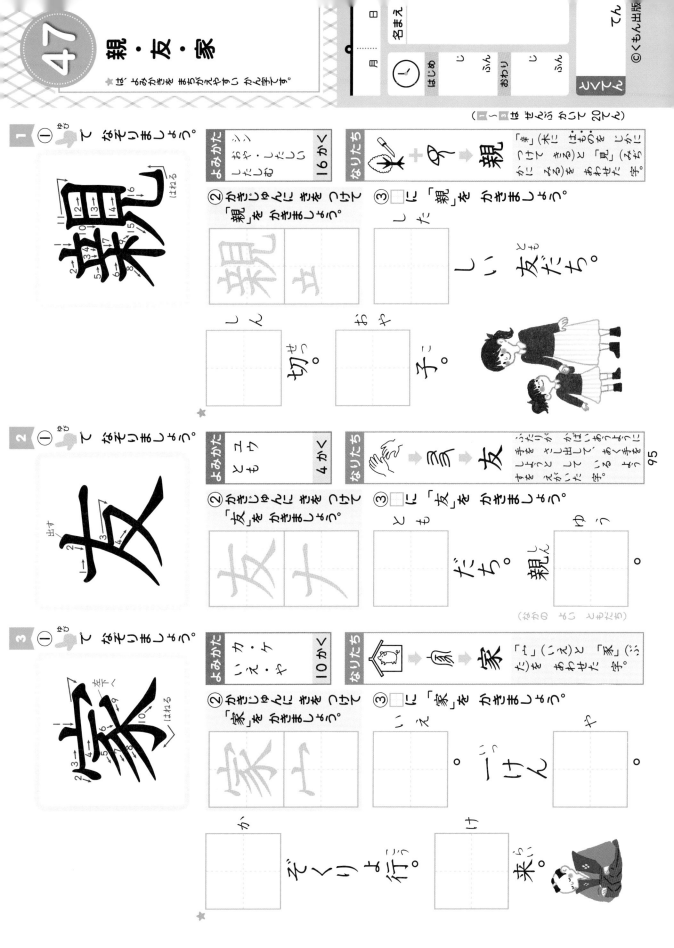

★ は、まちがえやすい かん字です。

名まえ

月 日

はじめ おわり

とくてん

てん

©くもん出版

(1～3は せんぶ できて 20てん)

1
①で なぞりましょう。

はねる

よみかた	16かく
シン おや・したしい したしむ	

なりたち
木 + 辛 + 見 → 親

「辛」（木に はりを じかに つけてさす）と「見」（みるに よる）を あわせた字。

②かきじゅんに きを つけて「親」を かきましょう。

③□に「親」を かきましょう。

親[した]しい 友だち。

親[しん]切[せつ]。

親[おや]子[こ]。

2
①で なぞりましょう。

出す

よみかた	4かく
ユウ とも	

なりたち
→ 𠂇 → 友

ふたりが 手を さし出して、たがいに手をかしあって、たすけあっている ようすを あらわした字。

②かきじゅんに きを つけて「友」を かきましょう。

③□に「友」を かきましょう。

友[とも]だち。

親[しん]友[ゆう]。

(はんたいの ことば りゆう)

95

3
①で なぞりましょう。

左下く はねる

よみかた	10かく
カ・ケ いえ・や	

なりたち
→ 家 → 家

「宀」（いえ）と「豕」（ぶた）を あわせた字。

②かきじゅんに きを つけて「家」を かきましょう。

③□に「家」を かきましょう。

家[いえ]。一[いっ]けん家[や]。

家[か]ぞくりょ行[こう]。

家[け]来[らい]。

96

かん字の ――の よみがなを
かきましょう。(1つ5てん)

① 親（　）しく なる。

② 犬の 親子（　）。

③ 友（　）だちに なる。

④ 親友（　）に なる。

⑤ 家（　）に もどる。

⑥ 二けん 家（　）。

⑦ 五人 家ぞく（　）へ。

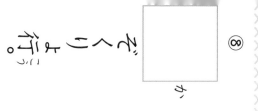

⑧ 王さまと 家来（　）。

□に かん字を、（　）に ひらがなを
かきましょう。(1つ5てん)

① □ともだちに 本を かす。

② □いえのある ことの ある。

③ 大きな □いぬ。

④ □したしい（　）人。

⑤ □らい を よぶ。

⑥ □しんゆう と あそぶ。

⑦ □おやかもの から。

⑧ □か ぞくで 行こう。

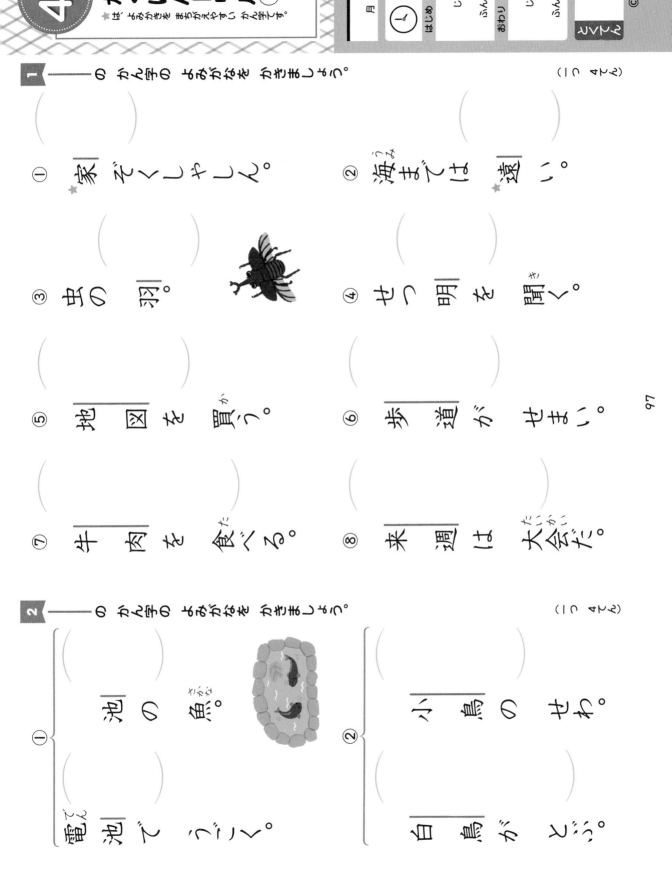

1　——の かん字の よみがなを かきましょう。　　(一つ　4てん)

① ★家 を くしかん。

② 海まで は ★遠 い。

③ 虫 の 羽。

④ せつ明 を 聞く。

⑤ 地 図 を 買う。

⑥ 歩 道 が せまい。

⑦ 牛 肉 を 食べる。

⑧ 来 週 は 大会 だ。

2　——の かん字の よみがなを かきましょう。　　(一つ　4てん)

① 池 の 魚。
　　電池 で うごく。

② 小 鳥 の す。
　　白 鳥 が とぶ。

97

4 ——の ことばを かん字と ひらがなで かきましょう。 (1つ5てん)

① あかるい 色。

② 学校から ちかい。

③ したしい なかま。

④ げんかんの あかり。

3 □に かん字を かきましょう。 (1つ4てん)

① とき
　を もとに ほる。

② じ
　が あわく なる。

③ こう
　ない に はいる。

④ か
　ぞくの おがお絵。

⑤ ひろ
　い のはら。

⑥ しん
　ゆう が 来る。

⑦ せん
　の うちがわ。

⑧ は
　れた 日。

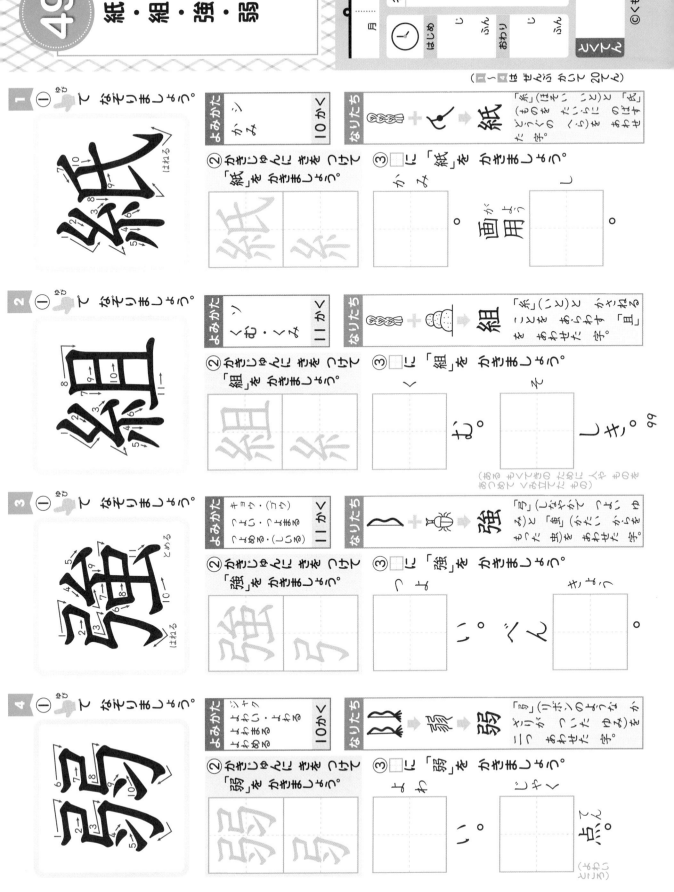

100

⑤

① 紙に 絵が（　　　）。

② 画用紙（　　　）。

③ かたを 組む。（　　　）

④ 組しきに 入る。（　　　）

⑤ 力が 強し。（　　　）

⑥ 国語の 勉強。（　　　）

⑦ 力が 弱い。（　　　）

⑧ あい手の 弱点。（　　　）

⑥

① 会社の □ を。

② チームを □ む。

③ しゃしんを □（　　）。ひこうきを 作る。

④ 風が □（　　）。

⑤ 火が □（　　）。

⑥ 毎日の □ を 見つける。

⑦ 毎日の □。

⑧ 画 用 □。

はじめ　じ　ふん　おわり　じ　ふん

（□一つ□は せんぶ かいて 20てん）

1

① ☞ で なぞりましょう。

よみかた　シン・あたらしい・あらた・にい　**13かく**

なりたち　辛 ＋ 斤 → 新

「辛」（木に はものを つけ きざむ）と「斤」（木を きる おの）を あわせた字。

② かきじゅんに きを つけて「新」を かきましょう。

新　立

③ □に「新」を かきましょう。

あたら
□しい。

□年。（しん／ねん）

あら
□たな　ゆめ。

□い（にい）
□潟県。

2

① ☞ で なぞりましょう。

よみかた　ブン・（モン）・きく・きこえる　**14かく**

なりたち　耳 → 聞 → 聞

「門」（もん）と「耳」（みみ）を あわせた字。

② かきじゅんに きを つけて「聞」を かきましょう。

聞　門

③ □に「聞」を かきましょう。

き
□く。

新□ぶん。（しん／ぶん）

101

3

① ☞ で なぞりましょう。

よみかた　ショク・（ジキ）・くう・くらう・たべる　**9かく**

なりたち　食 → 食 → 食

「亼」（あつめて ふたを する）と「良」（入れものに たべものを もる）を あわせた字。

② かきじゅんに きを つけて「食」を かきましょう。

食　く

③ □に「食」を かきましょう。

大□ぐい。（おお／ぐ）

魚を □た□べる。（たべる）

朝□しょく。（ちょう／しょく）

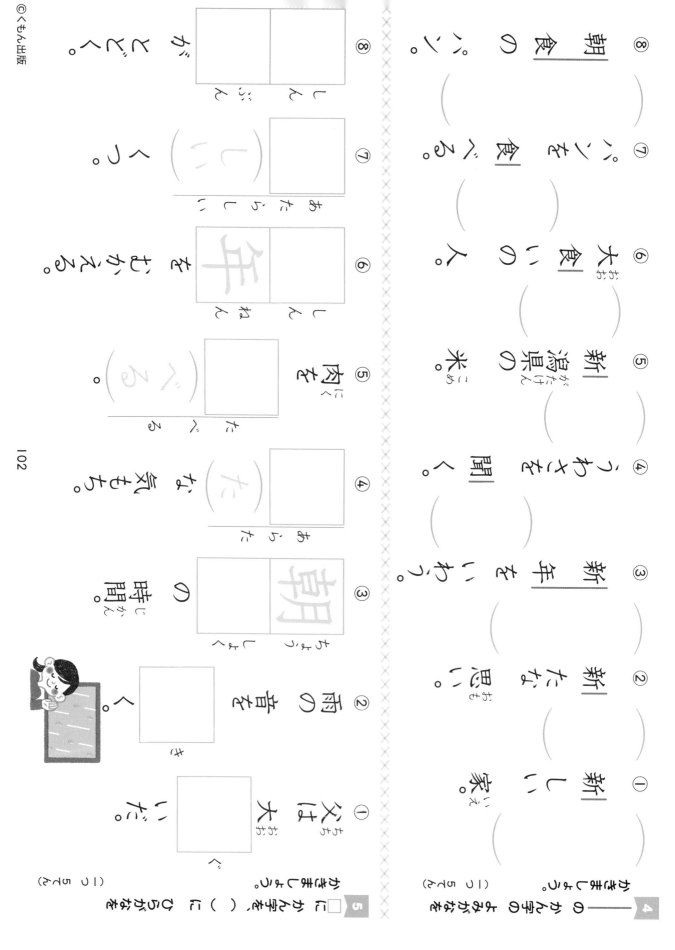

4 ──のかん字のよみがなをかきましょう。（1つ5てん）

① 新しい家。
（　　　）

② 新しい思い。
（　　　）

③ 新年をいわう。
（　　　）

④ 新聞を読む。
（　　　）

⑤ 新潟県の米。
（　　　）

⑥ 大食いの人。
（　　　）

⑦ 朝食を食べる。
（　　　）

⑧ 朝食のパン。
（　　　）

5 □にかん字を、（　）にかん字とおくりがなをかきましょう。（1つ5てん）

① 父は大きな□だ。

② 雨の音を□く。

③ 朝の□の時間。

④ □（あたら）しい気もち。

⑤ 肉を□（たべる）。

⑥ □年をむかえる。

⑦ □（あたらしい）くつ。

⑧ □がとどく。

名まえ

月　日

はじめ　じ　ふん　おわり　じ　ふん

とくてん　てん

©くもん出版

（□～□は せんぶ できて 30てん）

---

1 ① ゆびで なぞりましょう。

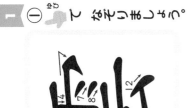

なかく

よみかた
ウン
くも
12かく

なりたち
☁ ＋ 云 → 雲
「雨」（あめ）と「云」（もくもくと 空に わきあがる ようす）を あわせた 字。

② かきじゅんに 気を つけて「雲」を かきましょう。

③ □に「雲」を かきましょう。

くも

うん

海。

（大から 下に むかって ひろがって 見える くも）

---

2 ① ゆびで なぞりましょう。

つき出さない

よみかた
セツ
ゆき
11かく

なりたち
☁ ＋ ⺕ → 雪
もとの 字は「雪」。「雨」（天から ふる 雨（ふう）と「彗」（ほうき）を あわせた 字。

② かきじゅんに 気を つけて「雪」を かきましょう。

③ □に「雪」を かきましょう。

ゆき

せつ

原げん。

103

---

3 ① ゆびで なぞりましょう。

はねる

よみかた
デン
13かく

なりたち
 → 雷 → 電
「雨」（あめ）と「申」（びかびかと いなずまの かたち）を あわせた 字。

② かきじゅんに 気を つけて「電」を かきましょう。

③ □に「電」を かきましょう。

でん

車。

でん

話わ。

---

4 ① ゆびで なぞりましょう。

よみかた
ワ
はなす
はなし
13かく

なりたち
言 ＋ 舌 → 話
「言」（ことばを くちから 出る ようす）と「舌」（はを くち）を あわせた 字。

② かきじゅんに 気を つけて「話」を かきましょう。

③ □に「話」を かきましょう。

はな

す。　会かい

わ。

5 かん字の ——の よみがなを かきましょう。(1つ5てん)

① 雲 が ながれる。（　　　）

② 雲海 を 見る。（　　　）

③ 雲 が うごく。（　　　）

④ 白い 雪原。（　　　）

⑤ 電車 が 走(はし)る。（　　　）

⑥ 先生 に 話す。（　　　）

⑦ 楽(たの)しい 会話。（　　　）

6 □ に あう かん字を（　）に かきましょう。(1つ5てん)

① ゆ□(き) が のとける。

② ゆ□(はな)(す) こと。（す）

③ 空に □(くも) が うかぶ。

④ □会(かい)□(わ) が はずむ。

⑤ □海(くう)□(かい)の しょくにん。

⑥ □原(せ)□(けん) が 広(ひろ)がる。

⑦ □車(でん)□(しゃ) に のる。

52 頭・顔・鳴

名まえ
月　日

名まえ

はじめ　じ　ふん　おわり　じ　ふん

てん

©くもん出版

とくてん

（□〜□は ぜんぶ かいて 20てん）

1

① 🖐 なぞりましょう。

よみかた	なりたち	
トウ・ズ・（ト）あたま（かしら）16かく		「豆」（あしの ついた うつわ）と「頁」（あたま）を あわせた 字。

② かきじゅんに きを つけて「頭」を かきましょう。

③ □に「頭」を かきましょう。

あたま

と　う

ず

上。

（あたまの うえ は そら）

ず

のう。

（あたまの なかで かんがえる あたまの はたらき）

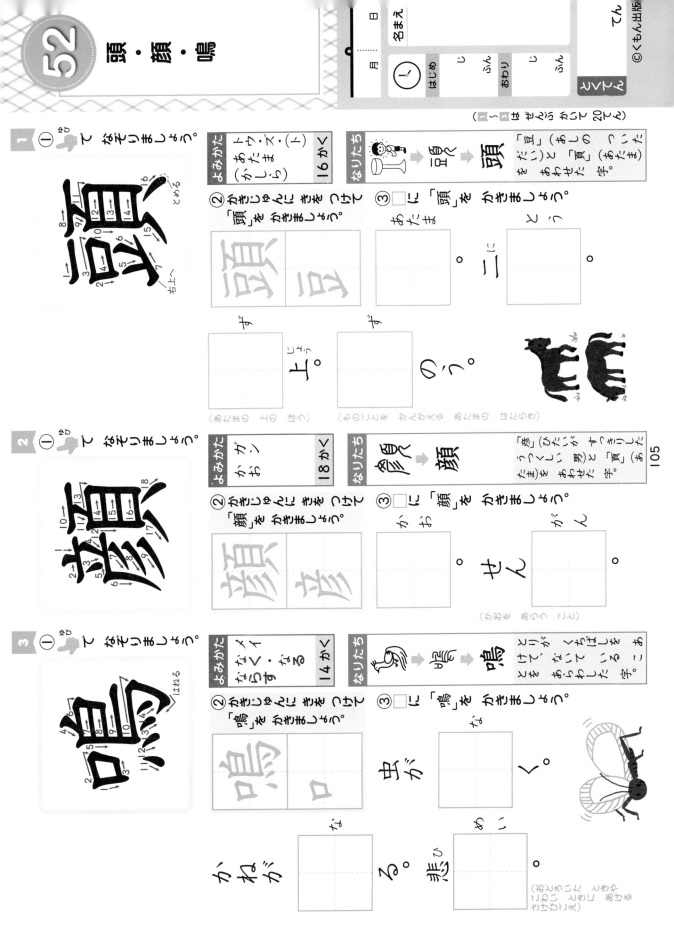

105

2

① 🖐 なぞりましょう。

よみかた	なりたち	
ガンかお 18かく		「彦」（ひたいが すっきりした うつくしい男）と「頁」（あたま）を あわせた 字。

② かきじゅんに きを つけて「顔」を かきましょう。

③ □に「顔」を かきましょう。

かお

がん

せん

（かおを あらう こと）

3

① 🖐 なぞりましょう。

よみかた	なりたち	
メイなく・なる・ならす 14かく		とりが くちを あけて ないて いる ことを あらわした 字。

② かきじゅんに きを つけて「鳴」を かきましょう。

③ □に「鳴」を かきましょう。

な

虫が　　く。

な

かねが　　る。

め　い

悲。

（かなしくて なく こと または かなしそうに きこえる とりの こえ）

© くもん出版

4 ——の かん字の よみがなを かきましょう。 (1つ 5てん)

① 二に 頭（　）の 馬う。

② 頭（　）上（　）の えだ。

③ 頭（　）を ふる。

④ 顔（　）を ふる。

⑤ せん 顔（　）を ふる。

⑥ ねんが 鳴（　）く。

⑦ すずが 鳴（　）る。

⑧ 女じょ せいの 悲鳴（　）。

---

5 □に かん字を かきましょう。 (1つ 5てん)

① すずが 〔鳴〕（な）る。

② 犬の 〔頭〕（あたま）を なでる。

③ 水で 〔顔〕（かお）を あらう。

④ 電話の ベルが 〔鳴〕（な）る。

⑤ 〔頭上〕（ず）（じょう）を 見る。

⑥ 〔悲〕（ひ）しみが 聞（き）こえる。

⑦ せん 〔　〕（せっ）けん。

⑧ ぞう 〔　〕が 三（さん）とう〔　〕 いる。

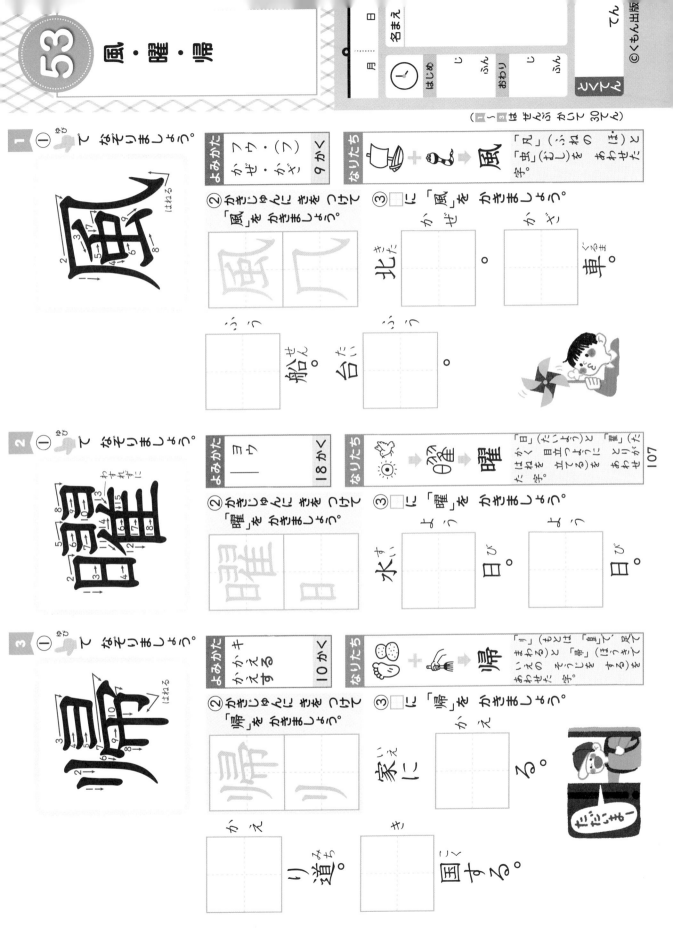

名まえ

月　日

（©くもん出版

てん

しあげ

（1～3は せんぶ おいて 30てん）

1

① 　で なぞりましょう。

| よみかた | フウ・（フ）
かぜ・かざ | 9かく |

なりたち

「凡」（ふね の ほ）と「虫」（むし）を あわせた 字。

② かきじゅんに きを つけて「風」を かきましょう。

③ □に「風」を かきましょう。

北　　　。（かぜ）

　　　車。（かざ／くるま）

船　　　。（ふう）

　　　台。（ふう）

2

① 　で なぞりましょう。

| よみかた | ヨウ | 18かく |

なりたち

「日」（たいよう）と「翟」（とりが はねを 立てる）を あわせた 字。

② かきじゅんに きを つけて「曜」を かきましょう。

③ □に「曜」を かきましょう。

水　　　日。（よう）

　　　日。（よう）

107

3

① 　で なぞりましょう。

| よみかた | キ
かえる | 10かく |

なりたち

「リ」（もとは「帚」で もどる）と「帚」（はうきで いえの そうじを する）を あわせた 字。

② かきじゅんに きを つけて「帰」を かきましょう。

③ □に「帰」を かきましょう。

家に　　　る。（かえ）

　　　り道。（かえ）

　　　国する。（き）

ただいまー

4 ──の かん字の よみがなを かきましょう。
(1もん 5てん)

① 北風 が ふく。（　　）

② 風船 が とぶ。（　　）

③ 風車 を ふく。（　　）
〔ちゅうい〕「かざぐるま」「ふうしゃ」とよむことも あります。

④ 土曜 日。（　　）

⑤ 火曜 日。（　　）

⑥ 学校 から 帰る。（　　）

⑦ 父 の 帰国。（　　）

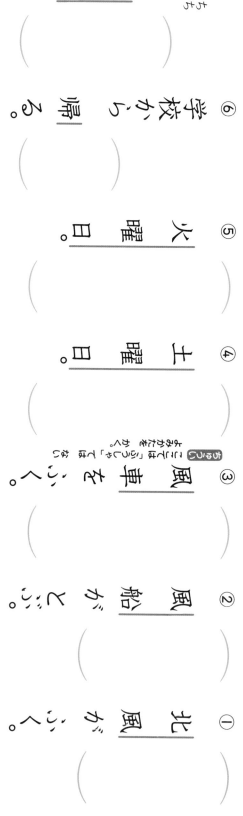

5 □に かん字を、( )に かん字と おくりがなを かきましょう。
(1もん 5てん)

① 水 □よう □び の 朝。

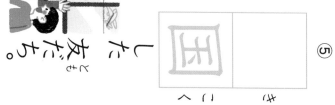

② （　る）って いこう。

③ くるま が 回る。

④ つよい 北 □かぜ。

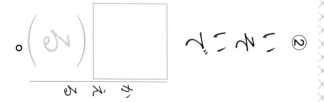

⑤ 国 □き に した 友だち。

⑥ 船 □せん が われる。

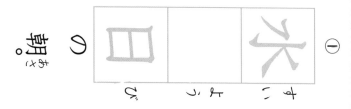

⑦ 金 □よう □び の 夜る。

名まえ

月　日

はじめ　じ　ふん
おわり　じ　ふん
とくてん

© くもん出版

1 ──の かん字の よみがなを かきましょう。（1つ 4てん）

① 紙を 丸める。

② 頭を 下げる。

③ 雪が ふる。

④ 父は 力が 強い。

⑤ 朝食の パン。

⑥ チャイムが 鳴る。

⑦ 電車に のる。

⑧ 水曜日。

2 ──の かん字の よみがなを かきましょう。（1つ 4てん）

① 兄に 話す。
　長い 会話。

② 力が 弱い。
　チームの 弱点。

4 ──の ことばを かん字と おくりがなで かきましょう。 (1つ 5てん)

① 野さいを たべる。

② あたらしい 気もち。

③ ゆう方が かえる。

④ あたらしく。

---

3 に □かん字を かきましょう。 (1つ 4てん)

① 黒い □も。

② □お を あらう。

③ □ を つむ。

④ □な から すが。

⑤ 白い □□ せん。

⑥ 算数の □□□ しくじてん。

⑦ 小鳥が □な く。

⑧ 算数の □ てん。

©くもん出版

名まえ

とくてん

1 ——の かん字の よみがなを かきましょう。 （1つ 4てん）

① （　　　）六つに 分ける。

② （　　　）四角に はこ。

③ （　　　）木かげに 入る。

④ （　　　）五日が たつ。

⑤ （　　　）三日月。

⑥ （　　　）ちゅう文する。

⑦ （　　　）十回 言う。

⑧ （　　　）九日の よる。

2 ——の かん字の よみがなを かきましょう。 （1つ 3てん）

①
（　　　）八つに 切る。
（　　　）八日が すぎる。

②
（　　　）上を 見る。
（　　　）上ばきを はく。

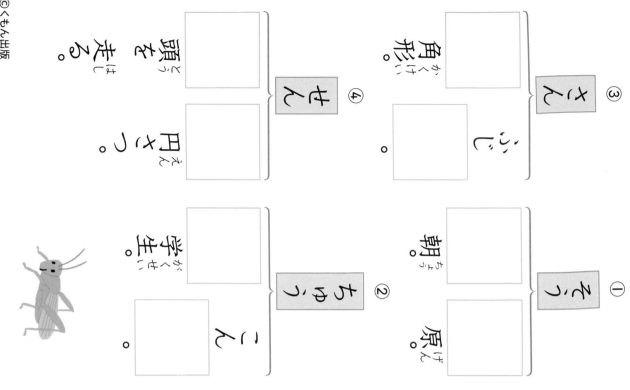

4 の □ の よみかたを する かん字を □に かきましょう。

（1もん 4てん）

① てつ
朝（ちょう）□　　□原（げん）

② ちゅう
学（がく）生（せい）□　　□に

③ けい
角（かく）形（けい）。□　　□じ。

④ せん
頭（とう）を走（はし）る。□　　□円（えん）し。

112

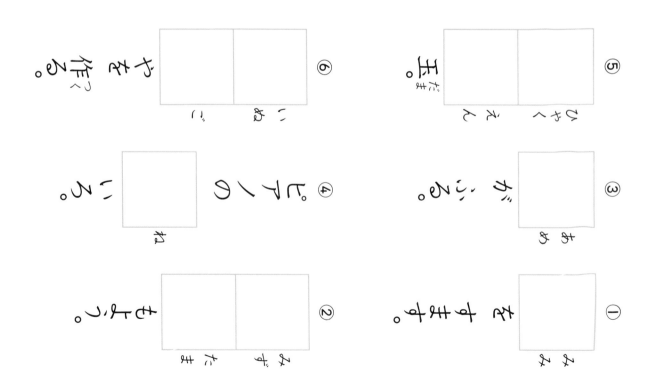

3 □に かん字を かきましょう。

（1もん 4てん）

① □□を うみます。

② □□□ しょう。

③ □が あめ ぶる。

④ □ね の ビイト。

⑤ □□□ 主（だ）。

⑥ □□ やを 作（つく）る。

月　日

名まえ

はじめ　し　ふん

おわり　し　ふん

とくてん　てん

© くもん出版

1 ——の かん字の よみがなを かきましょう。　（1つ 4てん）

① 家の 雨戸。　（　　　　　）

② 校歌を 歌う。　（　　　　　）

③ 四月の 半ば。　（　　　　　）

④ 自分の にもつ。　（　　　　　）

⑤ 南北を つなぐ。　（　　　　　）

⑥ 図形を 書く。　（　　　　　）

⑦ かみの 毛。　（　　　　　）

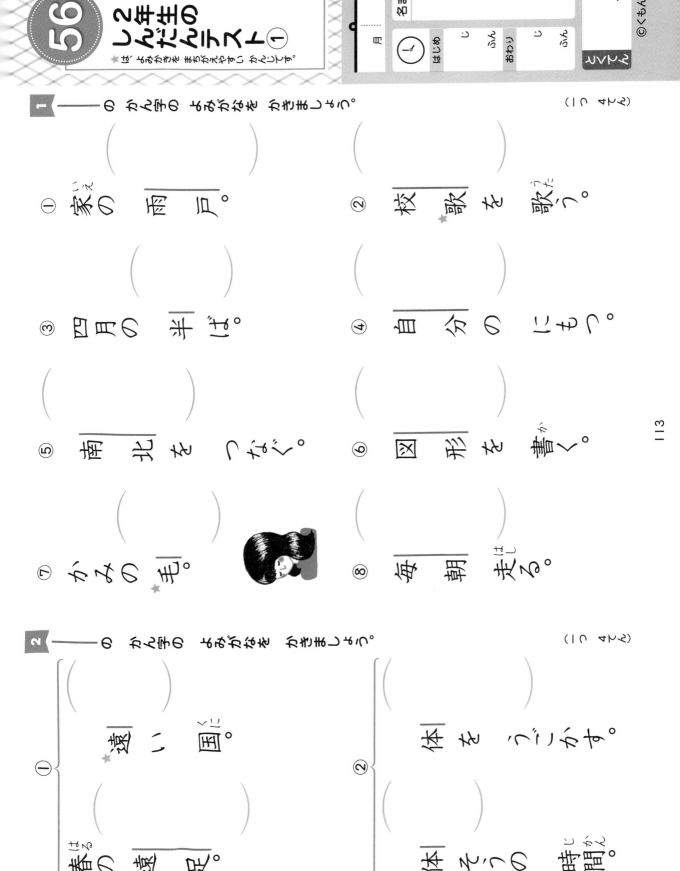

⑧ 毎朝 走る。　（　　　　　）

113

2 ——の かん字の よみがなを かきましょう。　（1つ 4てん）

①
遠い 国。　（　　　　　）
春の 遠足。　（　　　　　）

②
体を うごかす。　（　　　　　）
体そうの 時間。　（　　　　　）

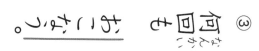

④ よく かんがえる。

③ 何回(なんかい)も ○○ない。

② みずから ○○える。

① ○○を 見る。

4 ▶ ── の ことばを かんじと ひらがなで かきましょう。 (1つ5てん)

114

⑦ 一□円(えん)さつ。

⑧ □□に のる。
(はし / しゃ)

⑤ □□の 台(だい)。
(こい / たか)

⑥ □□の 組(くみ)。
(し / かし)

③ □□ちに 行(い)く。
(ただ)

④ □ませる。
(は)

① ★ □□。
(きしゃ / のし)

② □る バスが。
(と)

□に かんじを かきましょう。 (1つ4てん)

名まえ

月　日

⊕ はじめ　　じ　　ふん
　おわり　　じ　　ふん

とくてん

© くもん出版

てん

1 ──の かん字の よみがなを かきましょう。　　(1つ 4てん)

① 町の 魚市場。
（　　　　　　）
★

② 海水よくに 行く。
（　　　　　　）

③ 歩道を 歩く。
（　　　　　　）
　　　　あ

④ 家の 売買。
（　　　　　　）
　え

⑤ くまの 冬みん。
（　　　　　　）

⑥ 学校の 行事。
（　　　　　　）
　　　　　　じ

⑦ 新たな 知しき。
（　　　　　　）
　あら

⑧ 岩山に のぼる。
（　　　　　　）

2 ──の かん字の よみがなを かきましょう。　　(1つ 4てん)

①
楽しい 夏休み。
（　　　　　　）
た　の　　　　やす

しょ夏の 気いう。
（　　　　　　）

②
地面を ほる。
（　　　　　　）
★　めん

広い 土地。
（　　　　　　）
ひろ

4 ──の ことばを かん字で かきましょう。　（1つ 5てん）

④ ほし道（みち）。

③ 地（ち）ちゅうは うごく。

② 線（せん）が まじわる。

① くだが おれる。

かん字を かきましょう。　（1つ 4てん）

① □ より □に なる。（よ る）

② □ を あらう。（か お）

③ 犬の □ きごえ。（な）

④ おしえ の □□。（は ん）

⑤ 音の □□。（きょく へん）

⑥ □□□。（きん とう び）

⑦ □□ する。（き へい）

⑧ □□ に なる。（せ ん い）

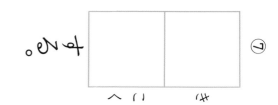
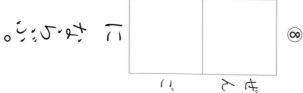
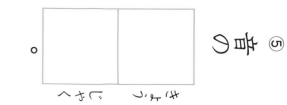

しんだんテスト③

★は、まちがえやすい かんじです。

名まえ

月 日

はじめ
じ ふん
おわり
じ ふん

とくてん

てん

©くもん出版

1 ──の かん字の よみがなを かきましょう。 (1つ 4てん)

①( ) 電話に 出る。

②( ) 麦茶を のむ。

③( ) 兄弟で あそぶ。

④( ) 思考力。

⑤( ) 絵画を 見る。

⑥( ) 今日の 当番。

⑦( ) 言語を 学ぶ。

⑧( ) 交通手だん。

2 ──の かん字の よみがなを かきましょう。 (1つ 3てん)

①
( ) ペンを 用いる。
( ) 朝食の 用意。

②
( ) もんだいに 答える。
( ) クイズの 回答。

4 形に 気をつけて □に かん字を かきましょう。 (1つ 4てん)

① 校[こう]□[な]を 回[まわ]る。
　□[に]の とおり□[り]。

② 正[しょう]□[じ]に なる。
　□[しん]を ただ...を たしかる。

③ □[け]の まわり。
　□[て]の 面[めん]を つける。 ★

④ 星[ほし]を □[かぞ]える。
　道[みち]を □[おし]える。

3 □に かん字を かきましょう。 (1つ 4てん)

① 雨[あめ]に よる □[し]□[ばん]。

② □[け]□[いと]に なる。

③ 学校[がっこう]の □[ほ]□[どう]。 ★

④ □[こう]□[せん]が とどく。

⑤ □[し]□[ら]の こと。

⑥ □[た]□[せい]な 本[ほん]。 ★

名まえ

月 日

©くもん出版

1 ——の かん字の よみがなを かきましょう。 （1つ 4てん）

（　　　　）
① 公園で あそぶ。

（　　　　）
② 同時に はじめる。

（　　　　）
③ 元日の あさ。

（　　　　）
④ 日光を あびる。

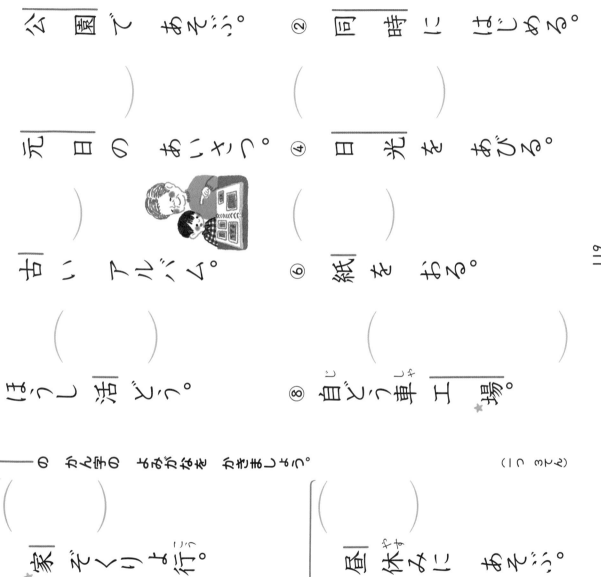

（　　　　）
⑤ 古い アルバム。

（　　　　）
⑥ 紙を おる。

（　　　　）
⑦ ほうし活どう。

（　　　　）
⑧ 自どう車工場。

2 ——の かん字の よみがなを かきましょう。 （1つ 3てん）

①
（　　　　）
家で くりょ行。

（　　　　）
王さまの 家来。

②
（　　　　）
昼休みに あそぶ。

（　　　　）
昼食を 食べる。

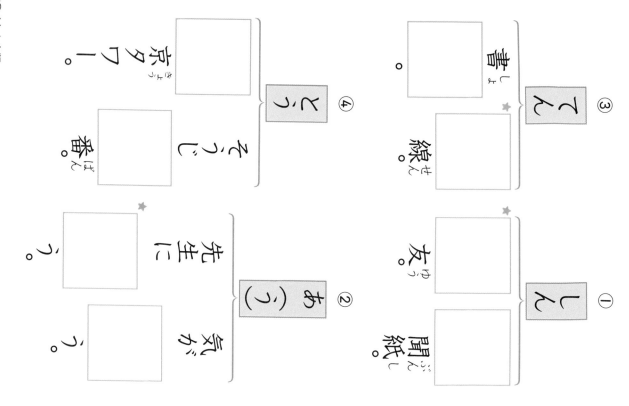

4 ──の □ のよみかたをする かん字を □ に かきましょう。 (1つ4てん)

① **しん**
友ゆう □ 。
聞ぶん紙し □ 。

② **あ（う）**
先生に □ 。
気が □ 。

③ **てん**
書しょ □ 。
線せん □ 。

④ **とう・ど**
京きょう □ 。
そうじ □ 番ばん。

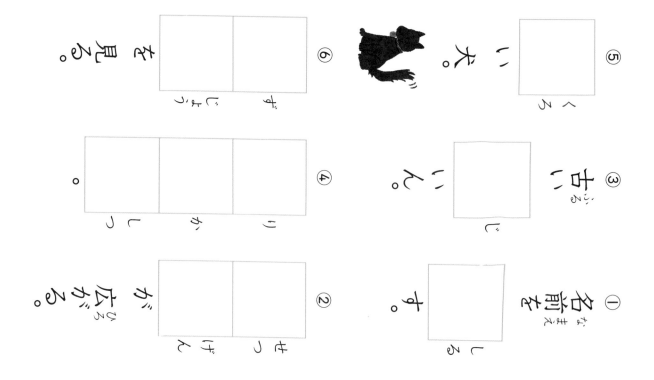

□ に かん字を かきましょう。 (1つ4てん)

① 名前なまえを □ す。

② 犬いぬに □ くん。

③ 古ふるい □ じ。

④ □ り □ か □ し □ 。

⑤ □ く。

⑥ □ す □ じ □ を見る。

② □ せ □ し □ か □ が広ひろがる。

こたえ

- ( )は　くんの　こたえです。
- 〈 〉は　まだ　学しゅうして　いない　かん字です。
- 「かん字の　れんしゅう」の　おもてページ　①～③（①～④）は　こたえを　せりゃくして　います。
- 2年生までに　ならわない　かん字や　おくりがなは　こたえと　して　あつかって　いません。

1 刀・切・古・台　3・4ページ

5 ①かたな　②ぼくとう　③きり
④たいせつ　⑤ふる　⑥こ〈しょ〉
⑦どだい　⑧だい〈ふう〉

6 ①土台　②大切　③刀　④台〈風〉
⑤切　⑥古　⑦古〈書〉　⑧木刀

2 弓・引・矢・知　5・6ページ

5 ①や　②ゆみや　③ゆみ・ひ
④こん〈よう〉　⑤や　⑥し　⑦ち

6 ①知　②矢　③矢　④弓・引
⑤知　⑥弓矢　⑦引〈用〉

3 心・思・父・母　7・8ページ

5 ①こころ　②ちゅうしん　③おも
④し〈ん〉　⑤はは　⑥ちち
⑦ぼ

6 ①思　②父　③心　④母
⑤父母　⑥思〈考〉　⑦中心

4 才・弟・姉・妹　9・10ページ

5 ①さい　②てんさい　③おとうと
④あね　⑤〈きょう〉だい　⑥あね
⑦こもうと

6 ①弟　②姉　③才　④姉
⑤妹　⑥天才　⑦〈兄〉弟

5 兄・元・光　11・12ページ

4 ①あに　②きょうだい　③もと
④げんき　⑤がんじつ　⑥ひか
⑦ひかり　⑧にっこう

5 ①光　②元気　③兄　④日光
⑤元日　⑥兄弟　⑦光る　⑧元

6 かくにんテスト①　13・14ページ

1 ①どだい　②はは　③あね
④さい　⑤ゆみや　⑥こもうと
⑦げんき　⑧きょうだい

2 ①｛ひ／こん　②｛かたな／ぼくとう

3 ①父　②心　③光　④知　⑤元
⑥大切　⑦弟　⑧父母　⑨切
⑩知

4 ①古　②思う　③光る

7 万・戸・何・回　15・16ページ

5 ①まん　②あまど　③こ〈がこ〉
④なに　⑤なんにん　⑥まわ
⑦ネんかい

6 ①何　②回　③万　④雨戸
⑤回る　⑥戸〈外〉　⑦何人

8 交・通・広　17・18ページ

4 ①まじ　②ま　③こう〈つう〉
④とお　⑤かよ　⑥こうつう
⑦こう　⑧ひろ

5 ①通る　②交〈番〉　③通う　④広
⑤交わる　⑥広い　⑦交わる
⑧交通

121

122

4
①園
②美
③広い
④回る
⑤公園
⑥美
⑦魚
⑧何回

3
①谷川
②万
③交
④牛

2
①てんせき
②みこみ
③はし
④こい
⑤そうげん
⑥あたま
⑦とし
⑧ぜんかい

1
①なみ
②こう
③こし
④い
⑤こめ
⑥あたま
⑦としょ
⑧はかり

12 かくにんテスト② 25・26ページ

6
①谷
②星
③岩
④海
⑤星
⑥岩石
⑦海外

5
①みこみ
②こうがい
③はし
④にわ
⑤わに
⑥ほし
⑦せい
⑧した

11 海・谷・岩・星 23・24ページ

5
①魚美
②魚市場
③茶〈米〉
④金魚
⑤新
⑥米〈作〉

4
①こめ
②〈米〉こし
③にく
④〈へ〉こにま
⑤つちなか
⑥おとうちゃ〈は〉
⑦ぎょ〈ん〉

10 米・麦・魚 21・22ページ

6
①牛
②店
③公園
④〈書〉公園
⑤牛
⑥正
⑦〈肉〉牛
⑧書店

5
①こうえん
②こうえん
③にく
④〈い〉ちえ
⑤みせ
⑥〈へに〉つ
⑦てんちょう

9 公・店・園・牛 19・20ページ

6
①走る
②野〈原〉
③原い
④麦る
⑤草原
⑥来〈週〉
⑦カ夫
⑧高原

5
①はし
②こう
③そうげん
④こい
⑤にわ
⑥こうげん
⑦〈の〉はしら
⑧〈メへ〉はしら

16 走・来・高・原 33・34ページ

6
①総
②〈計〉画
③工場
④総
⑤図工
⑥大工
⑦図書
⑧〈画〉用紙

5
①〈ずじょ〉こい
②〈とし〉へ
③ず
④〈けい〉
⑤が
⑥が〈こう〉へ
⑦が
⑧え

15 工・図・画・総 31・32ページ

5
①作
②船
③作る
④汽車
⑤作文
⑥船
⑦〈風〉船

4
①きしゃ
②〈ふ〉ね
③つくん
④〈メセ〉こ
⑤ね
⑥〈こ〉ん
⑦〈メ〉せ

14 汽・船・作 29・30ページ

5
①丸
②〈工〉細
③丸い
④細い
⑤丸
⑥太い
⑦丸太
⑧細か

4
①まるい
②がん
③とじ
④まし
⑤ほそ
⑥〈へ〉こそ
⑦ました
⑧たろ

13 丸・太・細 27・28ページ

17 市・場・寺・門　35・36ページ

5　①こうば　②し〈ない〉　③ば
　　④いちじょう(いちば)　⑤てら
　　⑥じ　⑦もん

6　①門　②寺　③市場　④寺
　　⑤場　⑥市〈内〉　⑦工場

18 かくにんドリル③　37・38ページ

1　①いま　②ぶんね　③はし　④と
　　⑤せんぷう　⑥こうば
　　⑦いちじょう(いちば)　⑧まるた

2　①{ はしら / いうけん }　②{ てら / じ }

3　①門　②来　③太　④船
　　⑤絵画　⑥汽車　⑦力走　⑧図工

4　①丸い　②細い　③作る　④高い

19 方・角・形　39・40ページ

4　①ほうがく　②かた　③かど
　　④つの
　　⑤さんかくけい(さんかっけい)
　　⑥かたち　⑦はながた
　　⑧にんぎょう

5　①角　②形　③方　④人形
　　⑤方角　⑥三角形　⑦角　⑧花形

20 東・京・南・北　41・42ページ

5　①ひがしぐち　②とうきょう
　　③きょう〈と〉　④みなみ
　　⑤なんぼく　⑥きた〈かぜ〉
　　⑦とうほく

6　①京〈都〉　②北〈風〉　③東口
　　④南北　⑤東北　⑥南　⑦東京

21 西・外・多　43・44ページ

4　①にし　②なんせい　③とうざい
　　④そと　⑤おお　⑥はず
　　⑦がこ〈いく〉じん　⑧た〈すう〉

5　①外　②西　③多い　④東西
　　⑤外す　⑥多〈数〉　⑦南西
　　⑧外〈国〉人

22 体・首・毛・黒　45・46ページ

5　①からだ　②たい　③しゅ〈と〉
　　④くび　⑤けいと　⑥もう
　　⑦くろ　⑧こく

6　①毛　②黒　③体　④首〈都〉
　　⑤体　⑥毛糸　⑦首　⑧黒い

23 色・茶・黄・同　47・48ページ

5　①きんいろ　②しょく
　　③むぎちゃ　④きいろ
　　⑤おうごん　⑥おな　⑦どう〈じ〉

6　①黄色　②同〈時〉　③金色
　　④同じ　⑤黄金　⑥色　⑦麦茶

24 かくにんドリル④　49・50ページ

1　①かた　②つの　③そと
　　④ひがしぐち　⑤けいと
　　⑥なんせい　⑦むぎちゃ
　　⑧にんぎょう

2　①{ からだ / たい }　②{ くろ / いろ }

3　①形　②首　③西　④北
　　⑤南　⑥黄色　⑦方角　⑧東京

4　①多い　②同じ　③外す　④黒い

⑥ ④⑦
ら「春」。「は・・・人を
およびほえて、三日を・・・
おぼえましょう。
。春は「は・・・」。

くポイント

28 春・夏・秋・冬 57・58ページ

⑥
①なつ ②ふゆ ③はる ④〈せ〉
⑤ふゆ ⑥なつ ⑦はる ⑧しゅんぶん
⑤しゅんぶん ⑥あき ⑦〈風〉 ⑧秋分

⑤
①はる ②〈秋〉 ③ふゆ ④春 ⑤あき
⑥なつ ⑦夏 ⑧冬

⑥ 春・夏・秋・冬

32 時・間・少 65・66ページ

⑤
①すこし ②じかん ③ひと ④とき
⑤じかん ⑥へ ⑦じ ⑧かん

④
①少 ②間 ③時 ④少 ⑤人 ⑥間
⑦少年 ⑧少ない

31 馬・売・買 63・64ページ

⑤
①うま ②かう ③うま ④うる ⑤ごと
⑥か ⑦うる ⑧うま

④
①売 ②買 ③馬 ④売買 ⑤馬 ⑥馬
⑦売 ⑧事

27 夜・前・後 55・56ページ

⑤
①ぜん ②あと ③こ ④のち ⑤よる
⑥よ ⑦うし ⑧さき

④
①よなか ②よる ③まえ ④よ
⑤うしろ ⑥ぜんご ⑦こうはん ⑧さくや

⑤
①ぜん ②ご ③うし ④〈前〉 ⑤よ ⑥中
⑦後半 ⑧今夜

30 かんじのふくしゅう⑤ 61・62ページ

①
①まえ ②はる ③あき ④とき
⑤じかん ⑥うま ⑦あさ ⑧じゃ

②
①ちゅう ②{ひる
　　　なか} ③ごう ④こう
⑤あい

③
①今 ②会 ③行 ④夜 ⑤冬 ⑥後半
⑦会う ⑧午前

④
①分ける ②後ろ ③自ら ④行う

29 合・会・行 59・60ページ

⑤
①行 ②会〈話〉 ③行 ④合作 ⑤行
⑥会 ⑦合〈計〉 ⑧行

④
①〈に〈け〉こ・あ・〈こ〉け〉
②〈かっ〉こう ③おこな ④あ・〈こう〉け
⑤おこな ⑥〈ゆ〉こ ⑦〈こ〉ゆ
⑧〈じ〉

26 朝・昼・午・今 53・54ページ

⑤
①はし ②ちゅう ③ひる ④今
⑤朝〈食〉 ⑥昼〈食〉 ⑦〈午〉前 ⑧〈今〉週

④
①あさひ ②ちゅうしょく ③ひる
④〈今〉 ⑤〈ちょう〉こ ⑥こん
⑦しん ⑧〈へ〉こ・〈へ〉こしょ

25 自・分・半 51・52ページ

⑤
①はん ②じ ③なか ④わ ⑤じ
⑥じぶん ⑦はん ⑧みずか

④
①半分 ②自ら ③半分 ④自
⑤はん ⑥じぶん ⑦なか

33 国・語・算・社 67・68ページ

5 ①くに ②がっこう〜 ③かた
④こくご ⑤さん〈すう〉
⑥やしろ ⑦かいしゃ

6 ①社 ②国 ③算〈数〉 ④語る
⑤会社 ⑥外国 ⑦国語

34 点・数・楽 69・70ページ

4 ①てんすう ②かず ③かぞ
④すうじ ⑤たの ⑥おんがく
⑦らくえん

5 ①数 ②楽しい ③点数 ④楽園
⑤数える ⑥音楽 ⑦数字

35 歌・声・理・科 71・72ページ

5 ①うた・うた ②にっか
③うたごえ ④おんせい ⑤り
⑥りか ⑦〈きょう〉か〈しょ〉

6 ①歌声 ②理科 ③歌・歌う
④理 ⑤校歌 ⑥〈教〉科〈書〉
⑦音声

36 かくにんドリル⑥ 73・74ページ

1 ①り ②おこた ③くに ④すう
⑤はっこう ⑥かいしゃ
⑦にっか ⑧さんすう

2 ①{ こうま／ばしゃ } ②{ にえ／おんせい }

3 ①歌 ②買 ③科 ④国語
⑤時間 ⑥点数 ⑦音楽 ⑧馬

4 ①語る ②少ない
③楽しい ④数える

37 活・当・番・答 75・76ページ

5 ①せいかつ ②かっ ③あ
④とうばん ⑤いっぱん ⑥いた
⑦かいとう

6 ①活 ②回答 ③交番 ④答え
⑤生活 ⑥当たる ⑦当番

38 用・考・止・長 77・78ページ

5 ①もち ②よう〈い〉 ③なが
④かんが ⑤〈さん〉こう ⑥と
⑦ちゅうし ⑧しゃちょう

6 ①〈参〉考 ②社長 ③止まる
④用いる ⑤中止 ⑥用〈意〉
⑦考える ⑧長い

39 教・室・直 79・80ページ

4 ①おし ②おそ
③きょうか〈しょ〉 ④きょうしつ
⑤ただ ⑥なお ⑦にっちょく
⑧しょうじき

5 ①直ちに ②教える ③日直
④教わる ⑤正直 ⑥教室
⑦直す ⑧教科〈書〉

40 線・計・記・毎 81・82ページ

5 ①せん ②てんせん ③はか
④けいさん ⑤しる ⑥にっき
⑦まいにち

6 ①記す ②計る ③毎日 ④線
⑤日記 ⑥計算 ⑦点線

6
① 校内
② 池
③ 〈へや〉内
④ 〈電〉池

5
① にくや
② こう
③ にくしん
④ へいけつ
⑤ いけ

ポイント

4
①「女」の「女」を書くときは、「く」の上に「―」を書かないように気をつけましょう。

3
④「教」の「文」を「父」と書かないようにしましょう。

4
① 長い
② 直す
③ 数わる
④ 考える
⑤ 記す
⑥ 当番
⑦ 直線
⑧ 点線

3
① 言
② 書
③ 読
④ 教室

2
① { よむ / よみかた }
② { かんがえる / かんがえかた }

1
① おし
② けん
③ ただ
④ かず
⑤ てん
⑥ ちょく
⑦ とうばん
⑧ こうよう

5
① 読
② 書
③ 言
④ 読書
⑤ 言
⑥ 音読
⑦ 言・言

4
① はくし・こ
② げん
③ よ
④ どくしょ
⑤ よ
⑥ どくしょかん
⑦ しよ

5
① 友
② 家ぞく
③ 家
④ 親しい
⑤ 来
⑥ 親友
⑦ 親子
⑧ 家

4
① した
② かい
③ こえ
④ しんゆう
⑤ おや
⑥ とも

5
① 明かり
② 歩む
③ 晴・明るい
④ 明
⑤ 晴
⑥ 歩・歩
⑦ 明
⑧ 朝

4
① は
② あさ
③ ほてん
④ みょう
⑤ せい
⑥ あるく
⑦ あゆ
⑧ はれ

6
① はね
② 小鳥
③ 野
④ 野原
⑤ 羽音
⑥ 千里
⑦ 鳥
⑧ 白鳥・里

5
① と
② せん
③ のはら
④ メートル
⑤ とり
⑥ はね
⑦ やちょう
⑧ はくちょう

6
① 近い
② 遠い
③ 〈歩〉道
④ 遠足
⑤ 近い
⑥ 来週
⑦ 小道

5
① ちか
② しゅうまつ
③ とお
④ みち
⑤ こ〈みち〉
⑥ とおく
⑦ えんそく

4
① 考える ② 後 ③ 自ら ④ 後
⑤ 工作室 ⑥ 社会 ⑦ 行う ⑧ 馬車

3
① 教室へ ② 通 ③ 直 ④ 外

2
{ ① とおい ② とおく ／ たい }

1
① はは ② はん ③ ほどう ④ ちいさい ⑤ とかい ⑥ きゅう ⑦ はこ ⑧ ばしょ

4
① 早　草 ② 中　虫 ③ 三　山 ④ 千　先

3
① 耳 ② 音　百円 ③ 大王 ④ 音

2
{ ① うえ ② ちから }

1
① むし ② みず ③ あめ ④ ひと ⑤ きん ⑥ もり ⑦ しし ⑧ かい

（右上）

4
① 金曜 ② 帰国 ③ 文 ⑥ 後ろ ⑦ 鳴 ⑧ 前後

3
① 後 ② 顔 ③ 前 ④ 後半 ⑤ 強弱

2
{ ① なつ ② なみ／とち }

1
① はば ② ほか ③ ほどう ④ ちいさい ⑤ とかい ⑥ きゅう ⑦ はこ ⑧ ばしょ

（明るい・細い・丸い）

4
（① 形の …）

2
（① … ② …）

＜ポイント＞
・「牛」は前に気をつけて、後ろにゆわまりをつけます。
・「午」は内がわに肉づけをしないので、牛の字とまちがえますがおさえます。

4
① 内　肉 ② 牛　午 ③ 池　地 ④ 数　数
⑤ 来週 ⑥ 大切 ⑦ 晴天 ⑧ 方角 ⑨ 風船

3
① 中止 ② 晴天 ③ 方角 ④ 風船

2
{ ① もち ② けいと }

1
① でん ② ごき ③ わ ④ さや …

（左上ページ内の別ブロック）

4
① 新 ② 会合 ③ 店点 ④ 東当

3
① 記 ② 雪原 ③ 寺 ④ 理科室

2
{ ① けが ② ひる }

1
① こえ ② … ③ … ④ … ⑤ …

5 黒 **6** 頭上 **7** **8**

小学ドリル
かん字カード
2年生

くもん出版

つかい方
・点線で 切りとって
　カードに しましょう。
・カードを つかいかえして
　答え合わせが できます。

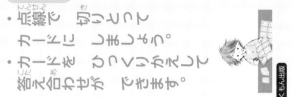

形が にて いる かん字
●──の 読み方を 答えましょう。
・太まきの
　すしを 食べる。
・大きな ケーキ。

形が にて いる かん字
●──の 読み方を 答えましょう。
・犬の 頭を
　なでる。
・顔が にて いる。

形が にて いる かん字
●──の 読み方を 答えましょう。
・午後に お茶を
　のむ。
・牛が ゆっくりと
　歩く。

形が にて いる かん字
●──の 読み方を 答えましょう。
・汽車が 走る。
・車に 気を
　つける。

形が にて いる かん字
●──の 読み方を 答えましょう。
・数を 数える。
・友だちに
　数える。

形が にて いる かん字
●──の 読み方を 答えましょう。
・地めんに
　ありが いる。
・池の かえるが
　鳴く。

形が にて いる かん字
●──の 読み方を 答えましょう。
・新しい ぼうしを
　買う。
・かるがもの 親子。

小学ドリル
かん字カード
2年生
つきまちがえやすい

形がにているかん字は、
まちがえておぼえやすいので、
読む方を…

◆形がにているかん字を書きましょう。

・おかしを一ケース。
・おまんじゅうを食べる。

◆形がにているかん字を書きましょう。

・犬のあたまをなでる。
・いぬのおなかをなでる。

◆形がにているかん字を書きましょう。

・きしゃが止まる。
・こうじのきしゃ。

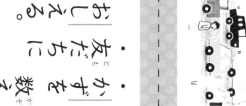

◆形がにているかん字を書きましょう。

・うしの後ろにおちゃを。
・歩こしのむこうへこ。

◆形がにているかん字を書きましょう。

・友だちにおしえる。
・かずを数える。

◆形がにているかん字を書きましょう。

・鳴いてかえるが。
・けものがへける。

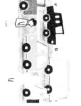

◆形がにているかん字を書きましょう。

・からすがかものを。
・かるがものぼうしを買う。

小学ドリル
かん字カード
2年生

つかい方
・点線で 切りとって カードに しましょう。
・カードを ひっくりかえして 答え合わせが できます。

くもん出版

同じ 読み方の かん字
●──の 読み方を 答えましょう。
・あい手から 点を とる。
・十時に かい店する。

同じ 読み方の かん字
●──の 読み方を 答えましょう。
・答えが 合う。
・親せきに 会う。

同じ 読み方の かん字
●──の 読み方を 答えましょう。
・遠足に 行く。
・どうぶつ園の ライオン。

同じ 読み方の かん字
●──の 読み方を 答えましょう。
・丸い 地きゅうぎ。
・円い テーブル。

同じ 読み方の かん字
●──の 読み方を 答えましょう。
・交さ点を まがる。
・校ていで あそぶ。

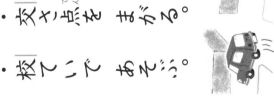

同じ 読み方の かん字
●──の 読み方を 答えましょう。
・夜が 明ける。
・せきを 空ける。

同じ 読み方の かん字
●──の 読み方を 答えましょう。
・少年野きゅうの チーム。
・小学校に 通う。

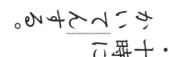

小学ドリル

かん字カード

2年生

つきかきじゅん

しょきが同じで読み方がちがうので、ほかの字はおぼえよう！

・親せきにあう。

・答えがあう。

◆同じ 読み方の かん字を 書きましょう。

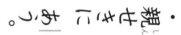

・地きゅうはまるい。

・まるいテーブル。

◆同じ 読み方の かん字を 書きましょう。

・夜があける。

・せきをあける。

◆同じ 読み方の かん字を 書きましょう。

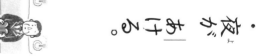

・なん時におきるか。

・あいてをとる。

かん字でてんにする。

◆同じ 読み方の かん字を 書きましょう。

・どうぶつえんへ行く。

・えん足に行く。

ライオン。

◆同じ 読み方の かん字を 書きましょう。

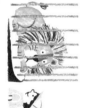

・ここにてんをつける。

・ここにあそぶ。

◆同じ 読み方の かん字を 書きましょう。

・しょう学校に通う。

・一年生の野きゅうチーム。

◆同じ 読み方の かん字を 書きましょう。

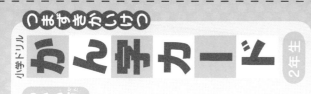

小学ドリル
つまずきかいけつ
かん字カード
2年生

つかい方
・点線で 切りとって カードに しましょう。
・カードを ひっくりかえして 答え合わせが できます。

くもん出版

同じ ぶ分を もつ かん字

●——の 読み方を 答えましょう。

・明るい 音楽を ながす。

・星が またたく。

同じ ぶ分を もつ かん字

●——の 読み方を 答えましょう。

・絵が とくいだ。

・細い 線を かく。

同じ ぶ分を もつ かん字

●——の 読み方を 答えましょう。

・昼ごはんを 食べる。

・朝 おきる 時間。

同じ ぶ分を もつ かん字

●——の 読み方を 答えましょう。

・新聞の 記じを 見る。

・話し上手な 人。

同じ ぶ分を もつ かん字

●——の 読み方を 答えましょう。

・手紙を 読む。

・外国語を おぼえる。

同じ ぶ分を もつ かん字

●——の 読み方を 答えましょう。

・公園の 前を 通る。

・道に まよう。

同じ ぶ分を もつ かん字

●——の 読み方を 答えましょう。

・一時間 まつ。

・人の 話を 聞く。

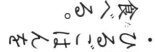

かん字カード

つまずきかいけつ

2年生

おぼえよう！
同じぶぶんをもつかん字を

・なが□するに
　音楽を□く。

・ほし□が□
　またたく。

◆同じぶぶんをもつかん字

・ほし□が□
　へいに□ただ。

・え□がく
　せんを□く。

◆同じぶぶんをもつかん字

・□あさ、おきる
　じかん。

・食べる□□を
　はこぶ。

◆同じぶぶんをもつかん字

・新聞の□じを
　見る。

・はなし□じょうずな
　人。

◆同じぶぶんをもつかん字

・お□が
　外国に□手紙を
　おくる。

・□手国に
　□える。

◆同じぶぶんをもつかん字

・みち□に
　おちる。

・こう□園の前を
　とおる。

◆同じぶぶんをもつかん字

・人の□話を
　□一時□かん□
　まつ。

◆同じぶぶんをもつかん字

小学漢字に強くなる字典

小学校で学ぶ全1026字

たくさんの例文・熟語で、漢字の意味や使い方がよくわかります。
作文やことば調べなどの宿題に大かつやく。
なかまコーナーが学年をこえて漢字の世界を広げます。

● 漢字をすぐに見つけられる字典

学年別・総ふりがなで1年生から使える
音訓・総画・部首さくいんでさがしやすい
付録のシールで引きやすさアップ

● 宿題や自習に大かつやく

たくさんの例文・熟語を収録
ていねいな説明で、漢字の意味がよくわかる
ことば探しや文作りなど、家庭学習で役に立つ

● 漢字の世界を広げ、好きになる

イラスト付きの成り立ちで漢字が身近に
学年をこえて漢字のなかまを紹介

● 正しく、美しい字が書ける

すべての画を示している筆順コーナー
手書きのお手本文字で書き方がよくわかる

監修：和泉 新（図書館情報大学名誉教授）　A5判／800ページ

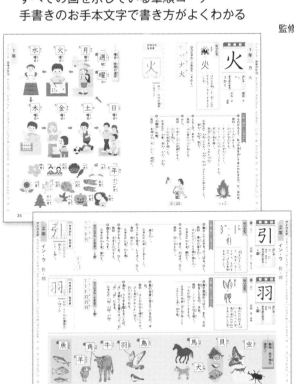

はじめての 英語まるごと辞典

絵辞典 ＋ 英和 ＋ 和英

[絵辞典]＋[英和]＋[和英] が1冊にまとまった英語辞典です。学習者の興味やレベルに合わせてそれぞれのパートを活用することができます。イラストやマンガもいっぱいで、はじめての英語学習にぴったりです。

監修：卯城裕司（筑波大学）　A5判／576ページ

くもん出版

くもんの小学生向け学習書

くもんの学習書には、「ドリル」「問題集」「テスト」「ワーク」があり、課題や目標にあわせてぴったりの1冊と出合うことができます。

「お子さまが自分自身で解き進められる」次の一歩につながるこのことを、くもんの学習書は大切にしています。

くもんのドリル

● 独自のスモールステップで配列された問題と繰り返し練習を通して、やさしいところから到達目標まで、**テンポよくステップアップ**しながら力をつけることができます。

● 書き込み式と1日単位の紙面構成で、**毎日学習する習慣**が身につきます。

● 小学ドリルシリーズ　国／算／英／プログラミング
● にがてたいじドリルシリーズ　国／算
● いっきに極めるシリーズ　国／算／英
● 夏休みドリルシリーズ　国・算・英
● 夏休みもっとぐんぐん復習ドリルシリーズ　国／算
● 総復習ドリルシリーズ　国・算・英・理・社
　※1・2年生はせいかつ
● 文章題総復習ドリルシリーズ　国・算

くもんの問題集

● たくさんの練習問題が、効果的なグルーピングと順番でまとまっている本で、**力をしっかり定着**させることができます。

● 基礎〜標準〜発展・応用まで、目的やレベルにあわせて、さまざまな種類の問題集が用意されています。

● 集中学習ぐ〜んと強くなるシリーズ
　国／算／理／社／英
● 算数の壁をすらすら攻略シリーズ
　（大きなかず／とけい など）
● おさらいできる本シリーズ
　算（単位／図形）

くもんのテスト

● 力が十分に身についているかどうかを測るためのものです。苦手がはっきりわかるので、効率的な復習につなげることができます。

● 小学ドリル学力チェックテストシリーズ　国／算／英
● 覚え残し0（ゼロ）問題集！シリーズ（漢字）

くもんのワーク

● 1冊の中でバリエーションにとんだタイプの問題に取り組み、はじめての課題や教科のわくにおさまらない課題でも、しっかり見通しを立て、自ら答えを導きだせる力が身につきます。

● 読解力を高めるロジカル国語シリーズ
● 小学1・2年生のうちにシリーズ　理／社
● 思考力トレーニングシリーズ　算・国／理・社